ちくま新書

「気づく」とはどういうことか
——こころと神経の科学

山鳥 重
Yamadori Atsushi

「気づく」とはどういうことか――こころと神経の科学【目次】

イラストレーション＝川口澄子

プロローグ

「気づき」は非常によく使われる言葉です。誰もが一日に何度も何度も口にし、誰もが何度も何度も耳にしているのではないでしょうか。

この文を書き始めるに際して、ちょっと思い浮かべてみたのですが、今日すでに「気づき」という言葉を使っていました。

「あったわ。気いつかへんかった」

家内がいつも作ってくれている冷茶（お茶を水出しするやつ）を飲もうと思って冷蔵庫をのぞいたのですが、見つかりません。無いのかなと思ってドアを閉めました。それを妻に見られていたのですね。

「何探してるの？」

「もうお茶無いの？」

「あるでしょう？」

言われて、もう一度ドアを開けてみると、なんとあるべきところにちゃんとあるではありませんか。だいぶ焼きが回っています。

外からも聞こえてきました。

「え？　本当？　気いつかへんだ」

わたしの自宅はスーパーに近く、重宝していますが、おかげで前の道路はいつも買い物の車が連なっています。車が入り込んでくるすぐ横の公道は右折禁止になっていますが、かなり見にくい標識です。パトカーの低いサイレンとともに「止まりなさい」というラウドスピーカーの声がしました。そのあと右折禁止ですよ、とかなんとか説明があったのでしょう。

週刊誌でも見つけました。

「九回裏、相手の近鉄がスクイズに失敗するんだけど、みんな江夏がそれに気づいて球を外したと思っている。だけど、実際は先に気づいたのは僕だよ。咄嗟に立ち上がった僕を見て、江夏はそこに投げただけ」

一九七九年の、プロ野球日本シリーズ第七戦、広島対近鉄の試合です。日本シリーズ最終試合の、それも九回裏。広島の最後の守り。近鉄のランナーが塁を埋めてしまいました。

広島は一点リードしていましたが、三塁ランナーが帰れば同点に追いつかれ、二塁ランナーも帰れば逆転負けです。この時、広島のマウンドにいたのは、かの江夏です。この有名な「江夏の二一球」の思い出を語る、当時の広島のキャッチャー水沼四郎氏の言葉です。

テレビからも聞こえてきました。

「わたしはそのうち、サヤカが来なくなっていることに気づきました」

サヤカというのはある報道番組に取り上げられた女子生徒です。わたしというのは番組担当の記者です。来なくなったとは、サヤカちゃんが、その頃通っていた、ある学習支援塾へ来なくなった、ということです。

次のもテレビです。

「うーん。……気づいたらやってた」

ＮＨＫの『鶴瓶の家族に乾杯』の一場面です。ある町を取材した笑福亭鶴瓶さんが、公園でソフトクリームを食べている小学生の女の子のグループに遭遇します。鶴瓶さんは、その子たちがバレエをやっていると知り、そのバレエ教室に子供たちと一緒に押し掛けます。その子たちもバレエの練習に戻って一汗かきます。その時鶴瓶さんが「何でバレエ始めたの？」と尋ねたのに対する、一人の子の答えがこれです。

この子にすれば、自然の成り行きでバレエを始め、それが生活の一部になってしまっていました。突然、理由を尋ねられても明確な答えがあるわけでもないのです。実に自然で、かつ質問にもぴったりの、自分のこころの動きの表明です。

このように「気づき」という言葉は、われわれが毎日、毎日、気楽に使い散らしている言葉です。いったい何に気づいたり、気づかなかったりしているのでしょうか？　つまり、気づきの対象は何なのでしょうか？

具体的には、モノ（冷茶）だったり、交通標識（右折禁止）だったり、身ぶり（スクイズサイン）だったり、取材対象の不在（サヤカが来ていない）だったり、そうかと思うと、自分の行動変化（バレエ練習の習慣）だったり、さまざまですが、どれも「自分のこころの変化」であるという点に共通点があります。

目の前の冷茶に気づくことのどこがこころの変化なのだ、と思われるかもしれません。冷茶は冷蔵庫に存在していますが、冷茶があるかな、と冷茶を探しているのはわたしです。わたしが冷茶の存在に気づかなければ、つまりわたしの注意が冷茶を捉えなければ、わたしのこころに冷茶が登場することは「無い」のです。物理的な空間には存在していても、心理的なこころの空間には存在しないのです。

そういう意味で、気づきの対象は決して冷茶そのものではなく「冷茶を見つけた」というこころの動きなのです。このこころの動きが起こらない限り、こころが描き出す冷蔵庫には冷茶は存在しません。

同じように、われわれがよく口にする「気づき」と似たような言葉に「意識」があります。

こちらはどんなふうに使われているのでしょうか。

「一点を取る野球をしっかりと意識してほしい」

インタビューに答えるあるプロ野球監督の言葉です。

「なんだか意識しちゃって」

これはテレビドラマから拝借しました。

ごく自然に幼い時から仲良く付き合っていた相手との付き合いを、突然親が公認します。その後、彼に出会うのですが、以前と違っていろいろぎこちなくなってしまいます。そのおかしな様子の理由を相手に聞かれた時の言葉です。

「自民総裁任期「三期九年」で決着。世論意識「無制限」見送り」

某朝刊の見出しです。

「これからは常に世界を意識してやっていきたい」

某オリンピック出場選手の抱負です。

「(年間最多勝って) 意識しますか?」(アナウンサー)

「そんなの意識したことないですよ」(元横綱北の富士)

年間最多勝三回の記録を持つ北の富士親方は、最多勝を達成した時の気持ちを聞かれて、こう答えています。

いずれの場合も、「意識」は本人のこころの中に一定の思いを持ち続ける、という意味で使われています。某監督の言う「一点を取る野球への意識」とは、常に一点が大事だということを忘れるな、とにかく地道に一点をもぎとろうと思い続けろ、どうしたら今のこの行動が一点につながるかを考え続けろ、などという思いです。この思いを常にこころに持ち続けてほしい、と願っているのです。

相手を突然恋人と思うようになると、その考えがこころに居座ってしまって、突然、自分のふるまいを「意識しちゃう」ようになってしまいます。そのため、自発的で、自然で、滑らかだった行動のあちこちに意識のチェックが入って、動きがぎくしゃくしてしまいます。

「世論意識」とは、自民党（擬人化されています）が、世論は総裁任期を無期限に延長するのには反対なのじゃないかと考えて、総裁任期を決めた、ということです。

オリンピック選手の言う「世界を意識」とは、世界の一流になるには、A選手とかB選手とか、世界あちこちの一流選手の成績や行動を常にこころに思い浮かべ続けなければならないということです。

「年間最多勝の意識」とは、一年通して好成績が残せ、その年最後の場所の、最後の日が近づいてきた時、後何勝で今年も年間最多勝が達成できるぞ、などという余計な思いがこころに居座り、土俵へ上がってもその思いが抜けなくて勝負の邪魔になることはないか？というニュアンスの質問です。北の富士はそんなこと考えたことない、と言っています。

こうした言葉の使い方の中で、使い手に理解されている「意識」の意味は、現在進行中の意識そのもののことではなく、現在進行中の意識の背景を占める、あるいは意識を裏打ちするようなこころの働きです。

「気づく」が自分の現在のこころの変化を検出するこころの働きだとすると、「意識する」は現在のこころの動きに影響を及ぼし続ける何らかの思いへの「持続する気づき」だと言えます。

われわれはこうした自分のこころの働き方の微妙な違いを、誰に教わるわけでもなく、はっきりと区別することができます。だからこそ、自由にしかも正確に言葉を使い分けることができるのです。

自分でははっきり分かっていて自然に使い分けている自分のこころの動きなのですが、こうしたこころの動きを客観的に整理して記述するのは結構大変です。

本書はこの課題に取り組みます。

ところで、「気づく」の「気」って、本来どういう意味なのでしょうか。

『広辞苑』を見ますと「心の動き・状態・働きを包括的に表す語」とあります。『大字泉』には「生命・意識・心などの状態や働き」とあります。ほぼ意識と同じ意味です。

事故や病気で意識不明になっていた人が、治療や看病の甲斐あって、ふと目を開きます。「おっ！　気がついた！」とまわりが叫びます。「気がついた？」と枕元の母親が問いかけます。意識が戻った瞬間です。映画やテレビでよくお目にかかる感動的なシーンですが、現実にはあまり経験しない、あるいは経験できないシーンです。

わたくしごとで恐縮ですが、わたし自身が「あ、気がついた」という稀な経験をしたことがあります。他人の意識が戻った瞬間に居合わせて、「あ、気がついた」と思ったのではないのです。わたし本人が「はっと、気がついた」のです。

この稀で貴重な（？）経験は、なんと、本書のアウトラインの相談に筑摩書房の編集者（橋本陽介さん）がわたしを尋ねてくださった時のものです。

橋本さんと、自宅近くのあるカフェでお会いし、話を始めました。ところがです、ふと気がつくと、わたしは自宅へ向かう道を一人で歩いていました。え？　何？　俺、ここ、なんで歩いているのや？　という思いと困惑感を突然に経験しました。しばらく経って、ようやく誰かと会っていたのではなかったかな、というぼんやりとした記憶が戻ってきました。まずいな、と思いました。でも、いくら思い出そうとしても、直前の記憶がすっかり途切れています。

そのうち、橋本さんと出会ったこと、カフェに入ったこと、少し話を始めたこと、ポケットから資料を出して彼に渡したことなどが思い出されました。食事を注文したのも思い出しましたが、それきりです。その後、食事をしたはずだし、彼と別れもしたはずですが、まったく思い出せません。歩きながら、いろいろ記憶を呼び戻そうと努力しましたが無駄でした。

この時、ようやく思い出せたことが一つありました。それは、相手（つまり橋本さん）

を「この人だれ？」と考え続けていたことです。わたしは誰か知らない人と話していたのです。

彼と話し合っていた途中から、自宅へ向かって歩いている時間まで、わたしはどうなっていたのでしょうか？　ぶっ倒れていたわけでもなさそうです。その証拠に怪我をしているようにもありませんし、服が汚れているようでもありません。普通に歩いていますし、それも正しい道を正しい方角へ歩いていましたから、とんでもない事態になっていたとは思われません。

自分で経験して初めて分かったのですが、「気がつく」とは、間違いなく「自分のこころの動きを自分が意識すること」です。

通常、この経験は記憶に残されていきます。しかし、この「自分のこころの動きを自分が意識する」という経験が未熟なままだと、つまりしっかりと経験できない状態で終わってしまうと、記憶には残らないのです。でも、完全に未熟だったわけでもないらしくて、知らない人としゃべっている、という不安な感情は記憶に残されていたのです。かなり強い感情だったのだろう、と推察できます。

わたしは橋本さんにあわててメールをし、わたしがその時いったいどんな様子だったのか率直に教えてくれるよう、お願いをしました。

彼は折り返し返事をくれました。

それによると、わたしは食事中にトイレへ立ったそうです。トイレから出てきた時、戻る席が分からない様子だったそうです。戻ってからは、頼んだのはこれだった？　と尋ねたそうです。会話も続けたようですが、その内容は「三度、わたしの年齢を尋ねました。動物と人間の違い、出版の不思議さ、といった話を何度もループするように話していた」そうです。

食後、会計は橋本さんが払ってくださったそうです。その後、ちゃんとお礼も言ったそうです。自分の方から、わたしが払いますと、もし言わなかったのだとしたら、それも少々変です。わたしの普段の行動パターンとは違います。

また、その時、彼にこのホテルに戻るのかと尋ねたそうです。泊っていないのになぜ？　と思われたそうです。このホテルのカフェを指定したのはわたしですし、指定の場所へ指定の時間にわたしに会いに来られただけなのですから、ホテルに宿泊されていたわけがありません。食べたのは昼食です。なんかちぐはぐでつじつまの合わないとりとめのない会話だったようです。

橋本さんの印象では、トイレを出てきたあたりから様子がおかしかったようです。この時から、わたしがふと「気がつく」まで、どれくらいの時間だったのか、はっきりしませんが、その間、わたしの意識には何らかの変化が起こっていたものと思われます。さいわい、その程度は軽く、行動の外面はかろうじて保たれていたようですが、誰と何の目的でそのカフェにいて、何を相手に伝えようとし、自分がどういう振る舞いをしているのかなど、自分の行動にわたし自身が気づく力を失っていたのです。「気」を失ってしまったわけではないようですが、間違いなく「正気」を失っていたのです。

このエピソードにはもう一つ不思議なめぐり合わせがつけ加わっています。

実はわたしは、この「一過性の意識障害状態」（医学界では一過性全健忘という病名が定着しています）についての症例研究を四〇年以上も前になりますが、学術誌に発表したことがあり、その後も何度かこの病態を取り上げて書いてきました。意識の異常状態を他人の経験を基に推論するのですから、その時、当の本人が実際どんな意識状態にあったかは分かるわけもないままで、外から分かること、つまり行動の異常から推察した意識の異常についてて書いていたのです。

今回、筑摩書房の橋本さんから、「気づき」をテーマに本を書くようにお誘いを受け、その本を構想している段階で、選りに選って自分が関心を持ってきた「気づき」の異常状態を自分が経験することになり、しかも選りに選ってその発作の現場を当の橋本さんが目撃したとは、なんとも不思議な因縁です。運命のいたずらとしか思えません。

さてここからは、こうしたわたしのささやかな経験も参考にしつつ、「気づき」という働きを可能にする「こころ」や「意識」や「注意」や「記憶」などの仕組みを神経心理学の立場から考えていくことにします。

第一章　「こころ」という偶然なるもの

†こころは脳の活動か？

さて、プロローグで、気づきというのはこころの働きである、とまあ、言ってみれば当たり前のことを述べたわけですが、じゃあその、われわれにいろんなことを気づかせてくれるこころって、いったい何なのでしょうか？

こころにもあらで浮世にながらへば恋しかるべき夜半の月かな（三条院）

とか、

逢ひ見ての後のこころにくらぶれば昔はものを思はざりけり（権中納言敦忠）

などと、昔の人もさかんにこころ、こころと言っています。

こころはみんなにあって、みんなが働かせているものですが、いざこころって何だろうと考えてみますと、結構厄介な問題です。昔から多くの人を悩ませてきた難問です。厄介の元は脳にあります。脳が活動してこころが働くのですが、脳とこころが実際、どういう関係にあるのか、実はよく分からないのです。

この難問に対する現代もっともポピュラーな答えは、「こころは脳活動の結果である」というものでしょう。すでに、ギリシアのヒポクラテスは、今から二四〇〇年以上も前に、感情や知覚や思考は脳に発すると述べています。以来、脳とこころに密接な関係があることは、自明の事実とされてきました。ところが、「こころが脳に発する」としても、どうやって脳から出てくるのか、そこが問題です。現代の多くの人は、この関係を脳が原因で、こころは結果と捉えます。つまり「因果関係」と捉えるのです。脳科学者のほとんどはこの捉え方に基づいて研究を進めています。

ですが、この関係を因果関係と捉えるのには無理があります。

この無理に気づいた学者の中には「こころは脳活動そのものである」と考えるようになった人がいます。脳活動とこころの間にすっきりした、誰もが納得するような、科学的な関係が立てられないというのなら、この二つを関係づけようとする考え自体がおかしいのではないか？　この二つはまったく同じものなのではないか？　同じものを違う立場から見ているだけなのではないか、と考えるのです。しかし、この理屈にも無理があります。二つは誰が考えても違う現象なのですから、違うものを同じと言われても、なんだか落ち着きません。

脳などというものにこだわらない考え方もあります。「こころは魂である」という考え方ですね。この考えは、遠い昔から引き継がれてきました。多くの宗教はこの考えに基づいています。この場合、魂を個人のからだの内部に在るもの、個人が抱いているもの、と捉えるのであれば、それはその通りかもしれません。しかし、魂を個人の外に存在する、超自然現象と捉えるのはどうでしょうか。医学をやってきた人間としては素直には納得できません。

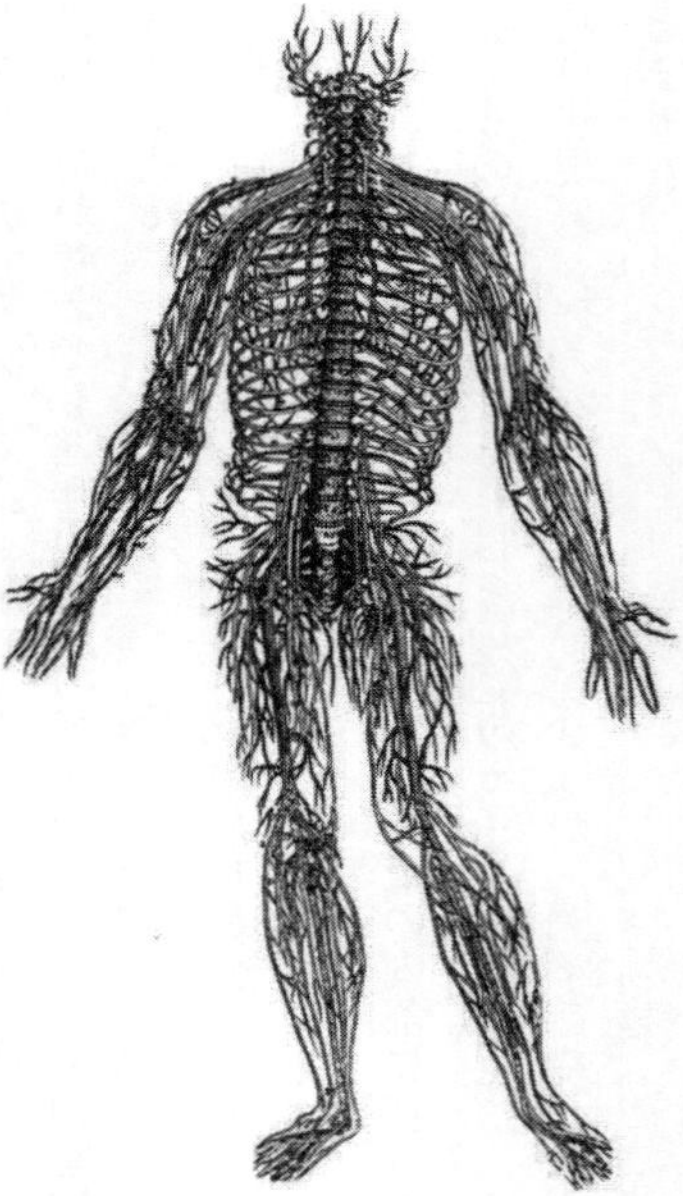

図１　全身にはりめぐらされている神経のありさま
16世紀の医師、ベサリウス（Andreas Vesalius 1514-1564）の描いた図。John D. Spillane:The Doctrine of the Nerves.Oxford University Press, 1981, p46, Figure 16を転載。

「脳」は、頭蓋内に納まっている灰色のぶよぶよした臓器につけられた名前です。しかし、この臓器は頭蓋内だけでまとまっていて、ほかの臓器と切り離してポコンと取り出せるようなモノではありません。脳から脊髄までは連続した一つの臓器になっており、この一つの臓器と全身にはりめぐらされている神経とが、神経系という一つの機能系を作り上げています。この機能系の単位は「脳」ではなく、神経細胞です。

こころとの関係で問題にしなくてはならないのは神経系であって、脳ではありません

（図1参照）。

神経系とこころの関係を考える時、わたしがいつも拠り所にしているイギリスの神経医ヒューリングズ・ジャクソンは、すでに一五〇年以上も前に、「神経変化（彼の表現だと物理的振動）あるいは神経内の分子的変化が、最高位神経中枢の最深部で心理現象に精錬されるなどということは決して起こらない」と述べています。彼の時代は神経細胞の機能はまだ明確には解明されていなかったので、振動などと言っていますが、これを神経の電気活動と置き換えても事情は同じです。

ジャクソンは、神経過程と心理過程はまったく性質が違うから、神経過程から心理過程が生じると考えるのは無理だ、と考えたのです。こころは神経系の活動なくしては出現しませんが、だからと言って、神経過程と心理過程が科学的な意味での、原因と結果の関係にある、とは考えられないと言うのです。では、どう考えればいいのでしょうか？

彼は、神経過程と心理過程は同時に起きている、と考えるしかないと言っています。

†偶然によって「いのち」は生まれた

この世の中には、それまでの事象からだけでは説明できない現象、つまりそれまでの事象の説明に用いてきた原理を使っては説明できない現象が出現することがあります。

生物現象、すなわちいのちがそうです。

生命体は、地球が誕生した四六億年前には存在していませんでした。無機物ばかりが地球の表面を覆っていたのです。

それから長い、長い、長い時間がたち、四〇億年ほど前に、地球上に突然（億年単位のできごとですから、突然という言い方はおかしいかもしれませんが）いのちあるものが出現しました。

いのち（生命）ってなんでしょうか。

単なる原子や分子の集合体ではありません。

それまでの地球上には存在していなかった分子から成る、それまでには存在していなかった構造体です。この構造体は環境の破壊的影響から自分を守り抜くわざを備えていました。

熱に耐え、寒さに耐え、気圧に耐え、風に耐え、波に耐え、乾燥に耐え、あらゆる環境変化に耐えて、自分の構造を守り抜いてきました。

どうやって守り抜いてきたかと言いますと、自分で自分と同じものを生み出す（自己複製）という離れ業によってです。親が子を生み、子が孫を生み、孫がひ孫を生み、ひ孫がやしゃごを生んでいきます。

複製ですから、結構細かいところでは間違いも起きるようですが、大きなところは決して間違わずに、自分の構造を次の世代へ、そしてまた次の世代へ、そしてまた次の世代へと、延々と伝え続けて、今に至っています。

自己構造の維持と自己構造の複製にはエネルギーが必要です。エネルギーを使わないと、分解して分子か原子に戻ってしまいます。雲散霧消してしまいます。

太陽光などの無機エネルギーをからだに合う有機エネルギーに変え、そのエネルギーを消費しながら、自己の構造の破壊を防いできたのです。破壊を防ぐどころか、この構造体を繁殖させ、進化させ、地球の表面を覆いつくしてしまったのです。

生命体を四〇億年にもわたって持続させてきたこの「生き続ける力」、つまりいのちは、何種類かの高分子が、たまたまそれまでに無かった特別なまとまり（構造）を作り上げたことをきっかけに誕生しました。

炭素原子（C）や、窒素原子（N）や、酸素原子（O）や、水素原子（H）や、リン原子（P）など、特定の原子群が、たまたまある条件のもとに置かれて、たまたま特定の結び付き（分子構造）を作り出した時、いのちという、それまでの地球上に存在していなかった新しい現象が出現した、と考えられています。

†DNAは「いのち」とおなじなのか？

いのちの大元の構造体はDNAです。正確にはデオキシリボ核酸 deoxyribonucleic acid です。

DNAは四種類のヌクレオチドと呼ばれる化学物質、すなわち、アデニン、グアニン、シトシン、それにチミンを含んだ高分子化合物です。このことは結構古くから分かっていたようですが、その構造はなかなか分かりませんでした。

この謎を解いたのはジェームス・ワトソンとフランシス・クリックでした。

DNAは非常に長く、分子が鎖のようにつながっていますが、この鎖は二本になっていて、お互いに巻きついています。ただ巻きつくのでなく、どちらからも手が出ていて、お互いに手をつなぐことによって結びついています。片方から伸びている手は、相手がしっかり決まっています。一方の手は他方の、あらかじめ決められた手としか握手しないのです。

具体的に言いますと、一方の鎖から出ている手がアデニン（A）だとすると、他方の鎖の手は必ずチミン（T）になっています。グアニン（G）ともシトシン（C）とも手をつなぎません。

もし片方の手が、グアニンだとすると、もう一方の手はシトシンになっています。グアニンはアデニンともチミンとも手をつなぎません。

つまり、DNAの二本の鎖はA―TとG―C、あるいは逆も可能ですから、T―AとC―Gというつなぎによって、二本が一本の鎖になっています。しかも、この二本鎖はらせんになっていて、お互いがお互いに巻きついています。

この構造がDNAの複製を可能にしていたのです。

ここがまた不思議ですが、この二本の鎖からなるらせんDNAは、必要に応じて、その鎖をほどくことができます。

そして、このほどかれた一本の鎖を基にして、新しくもう一本の鎖を作り出すことができるのです。

なぜそんなことが可能なのでしょうか？

バラバラの一本鎖が出している手（相手の手を握っていないから空です）が、自分に合う相手を次々と探し出して、もう一本の鎖を作り出していくからです。

片方の鎖が、たとえば、G・A・C・T・C・A……という具合に六本の手を出しているとすると、この手の連なり、G・A・C・T・C・A……に合うように、GにはC、AにはT、CにはG、TにはA、CにはまたG、AにはまたT、と並ぶ新しい手の連なりが作り出されていくのだそうです。

では、この物理化学的に明らかにされたDNAらせん構造体と、いわゆるいのちは同じなのでしょうか？

難しい問題ですが、たぶん、同じではないのではないか、とわたしは疑っています。いかに見事に解明されたとは言え、そしてこの事実を基盤にして、いかに生命科学が目をみはる発展を遂げつつあるとは言え、DNA自体を生き物とは誰も考えないでしょう。なぜならDNAは細胞、あるいはもっと細かくは細胞内の核という場を離れては生きることができないからです。

細胞核という場とDNAは明らかに違うものです。たとえば、ウイルスはほとんどDNAだけでできていますが、それ自体では自己複製はできません。必ず、どこかの細胞へ入り込まないと、働き始める（生き始める）ことはできません。

ＤＮＡには細胞という生きた環境が必要なのです。

オーストリアの物理学者、アーウィン・シュレーディンガーは、いのちを「現に存在する秩序が、その秩序を維持し続け、同時にその秩序を新たに生み出す力」と定義しています。いのちは特定の物質構造というより、むしろ構造全体を統括し、生きることを可能にしている力、なのです。

ＤＮＡの構造解明が明らかにしてくれたように、いのちが物質的条件に依存していることに疑いを入れることはできませんが、その物質的条件すなわちいのちではないということです。いのちはもっともっと複雑な現象のようです。

この複雑な現象は、物理化学的探索方法や記述方法の手に負えない、ある新しい性質を帯びているように思われます。

この事実に注目した人たちは、この新しい性質の出現を「創発 emergence」と呼んでいます。これまでとは性質の違う現象が、科学的因果関係の枠を超えて出現する、という意味です。

†神経系が可能にしたもの

いのちは生物体を生物体たらしめている力です。

植物もいのちを持ち、動物もいのちを持っています。結核菌のような細菌やアメーバのような原生動物もいのちを持っています。

いのちあるものは、すべて、自己を維持し、自己と同じものを再生産して、自己と同じ構造体を存続させてきました。これからも、このいのちの営みは続いていきます。

これら生命体のなかには、個体の構造が複雑化し、その複雑さを維持するために厖大なエネルギーを必要とするようになったものがあります。このようなものたちは、そのエネルギーを獲得するため、地球上を動き回る必要に迫られるようになりました。動物ですね。

動物は、効率よく動き回れるように、運動器官を発達させました。

タコなどの軟体動物、トンボなどの節足動物、タイなどの魚類、カエルなどの両棲動物、ヘビなどの爬虫類、カラスなどの鳥類、ネズミなどの哺乳類、さらにはヒトのような霊長類と、動物はすべて移動能力を備えています。

動物に備わる移動の能力は、同じく動物に備わる外の世界の変化を検出する能力と連動しています。熱帯の灼熱に対応するには比較的涼しいところへ移動しなければならず、砂漠の乾燥に対応するには湿潤な場所を探さなければなりません。自分を捕って食おうとする動物に対応するには、その捕食者から逃げなければなりません。そのためには、気温や湿度の変化を検出する必要があり、捕食者の動きを検知する必要があります。

このような行動を可能にしたのが神経系です。

神経系は、内臓の調整にも働きますが、そのもっとも重要な機能は行動の制御です。外の世界の変化を感覚器（目・耳・鼻・舌・皮膚など）で検出し、神経系を介して、運動器（四肢・顔面・軀幹の筋など）を動かすことです。

動物の進化に従って神経系も進化し、その機能はわれわれの想像を絶する複雑さを備えるようになりました。この複雑な神経系がこころを生み出した、と考えられます。

†「こころ」は因果性で説明しづらい

ところが困ったことに、神経系がいくら複雑化しても、神経過程はあくまで神経過程です。つまり物理・化学・生理学的な出来事であり続けます。こころにすんなり化けてはくれないのですね。

物理・化学・生物学的な事象では、原因と結果が同じ世界で起きます。つまり、原因があって結果が生じた、と証明することができます（もっとも量子力学の世界ではそうはいかないようです）。たとえば水を熱し続ける（原因A）と、その水は沸騰します（結果B）。時間がAからBへ経過し（同一の時間系列にある）、沸騰前の水と沸騰した水は同じ空間に存在します（同一の空間系列にある）。これが科学の世界で言う因果性です。

いのちある生命体であっても、事情は同じで、たとえば、わたしの手に熱湯がかかって（原因A）、その手を反射的に引っ込めた（結果B）とします。やはり時間はAからBへ経過し、熱湯がかかった手と引っ込めた手は同じ手です。同じ空間の出来事です。

しかし、こころは様子が違います。

手に熱湯がかかった（原因A）時、わたしは「アツッ！」と感じます。

この「アツッ！」という感覚を原因Aの結果と考えることができるでしょうか？「アツッ！」は、わたしのこころの経験です。このこころの経験は、手に熱湯がかかったことが先、「アツッ！」の感じが後と、同一の時間系列に並べられますが、空間的には同一系列になりません。手は空間を移動しますが、「アツッ！」はこころの経験ですから、手が動く空間とは関係ありません。そもそも空間という物理的概念に納まらない現象です。

つまり、火傷（生物的事象）と「アッッ！」という感じ（心理的現象）を同一次元の出来事とみなすことはできないのです。

熱いという経験は本人だけの経験であり、そばに誰かが居合わせたとしても、その人が同じ痛みを感じることはありません。その熱さを想像し、共感することはできますが、あくまで想像というこころの働きによる間接的経験であり、共感というこころの働きによる経験であって、本人のこころに生じた痛みの経験そのものではありません。

心理的経験はこのように誠に不思議な現象ですから、熱湯を浴びてその手を引くという身体的事象（神経過程）と「アッッ！」という経験（心理過程）は同列に扱えないのです。

こう突き詰めてみますと、こころは生命体（神経過程はその一部）を母胎に出現した、神経過程とは性質の異なる新しい現象なのではないかと思われます。つまりこころは神経過程から「創発」したのです。あるいは「創発」するのです。

†いのちの創発、こころの創発

この創発現象は地球上で二度起こったと考えられます。

まず、地球の誕生から六億年ほど経ったころ、地球上の物理化学的諸条件を踏まえて、いのちというそれまでには無かった現象が創発し、それからまた三〇億年以上の時間が経って、海中に脊椎動物の祖先と考えられている動物（現生ナメクジウオに似た生物）が進化してきます。現在から逆算すると六億年ほど前になります。この生物は脊髄神経索を備えた最も古い動物だそうです。

そして、この脊髄神経索がまたまた長い時間をかけて進化し、そのどこかの段階で、こころというそれまで無かった現象が創発したのだろう、と考えられます。

いのちという第一の創発に次いで、こころという第二の創発が起こったのです。

創発という考え方を最初に提唱したのは、イギリスのロイド・モーガンという学者です。モーガン自身は、もともとはS・アレキサンダーの言い出した考えだと言っていますが（このアレキサンダーが誰なのか、勉強不足でよく分かりません）、たいていの考えは、その前に誰かが言っているものなので、そこは失礼しておきます。

モーガンは、正確には、「創発」でなく、「創発性進化」と言っています。

彼は、創発性進化を「それまでに存在していた秩序ある事象が、時に、まったく新しい秩序を生み出すこと」と定義しています。

そしてその例として、いのちの出現、こころの出現、そして思想の出現を挙げています。

進化の長い過程の中で、ある物理化学的システムが、偶然なのか、必然なのか、そこは分かりませんが、それまで存在していなかった新しい現象を生み出しました。それがいのちです。そして、いのちという物理化学生物学的システムが、今度はこころを生み出したのです。

モーガンは、こうした創発現象の積み上がりをピラミッドにたとえ、物質からいのち、いのちからこころ、こころから思想へと、創発が繰り返された、と主張しています。最後の「こころから思想が創発」というのはさておきますが、わたしはこの創発説が気に入っています。

こころは、自然界という大構造が持つしばり（物理化学的法則）と、自然界が創発した特殊な構造体（生命体）が持つしばり（生物学的法則）の二つのしばりを前提に出現します。たとえば、酸素や炭素や窒素などの元素がなければいのちは創発しません。さらに、いのち（神経過程など）がなければ、こころは創発しません。こころだけが、物質やいのちのしばりを離れて存在することはあり得ないのです。

†物理化学法則にしばりをかける

いのちやこころをそれまでにない新しい性質を持つ現象の出現、すなわち創発とみる考え方は、たとえば、イギリスの哲学者マイケル・ポランニー、同じくイギリスの哲学者カール・ポッパー、あるいは、アメリカの心理学者ロジャー・スペリーなどによって支持されています。

ポランニーは創発の範囲をもう少し広め、たとえば人間が作る機械の働きなどにも、創発の考えをあてはめています。このポランニーの説明は大変分かりやすいので、簡単に紹介します。

人間が作り出す機械、たとえば、自転車を考えてみましょう（ちなみにポランニーのあげた例は自転車ではありません）。自転車は鉄などの金属から作られます。今だと合成樹脂からも作られます。ですから、鉄が錆びついたり、磨滅したり、強度が落ちたりして壊れてしまえば、自転車ではなくなりただの廃棄物になってしまいます。なぜ壊れるのでしょうか？　自転車の材料が物理化学的法則に従っているからです。

自転車は人間を自分の力でより速くより遠くへ移動させるために、人間によって発明された機械です。ハンドルは手で操作しやすく作られ、サドルはまたがりやすく作られ、車輪は大地をうまく転がるように円形に作られています。そしてペダルをこげば、ペダルの回転運動がチェーンを通して車輪の回転に変換されるようになっています。

個々の部品は、それぞれ物理化学的運命に従いますが、自転車という機械は、もはや単純に部品それぞれの物理化学的運命に従うだけではなく、人間が運転して、遠くへ移動する、という自転車の設計原理に従います。つまり、機械は二つの異なった原理、すなわち素材に内在する物理化学的原理と自転車の設計原理に同時に従うわけです。

ポランニーは、機械は物質の自然な経過に、ある特定の目的に沿うよう制限を加えると言っています。この制限によって、物質は人間を遠くへ移動させる、という自然界では起こりえない働きを生み出すことになります。この働きは、物理化学的法則とはまったく別次元の法則に従っています。

ポランニーの表現によれば、人間が物理化学的法則にのみに依存する材料（鉄なら鉄）に、ある拘束条件をかぶせたのです。あるしばりをかけたのです。このしばりは材料を自転車の設計原理に従わせますが、鉄の本来持っているしばり、つまり物理化学的性質に干渉することはありません。自転車の動きと部品の物理化学的性質は現象の性質が違うのです。

ですから、自転車は物質から新しく創発した現象と考えることができます。ただ、当然ながら、自転車は人工物ですから、いのちやこころのような自然界における自然な創発とは比べようがありません。それはそうなのですが、世界には次元が異なる現象が存在するのだ、という事実を理解するためには、実にうまい例だと思います。

結局、こういうことです。

神経過程はあくまで神経過程で、心理過程（こころ）はあくまで心理過程ですから、この二つの過程は同時に活動している、と考えるほかありません。二つの過程は、ジャクソン流にいいますと、共存しています。あるいは並行しています。もちろん、心理過程は神経過程から創発する現象ですから、常に神経過程の働きのしばりをうけています。しかし、決して同じ現象ではなく、こころはこころ独自の原理に基づいて働いています。このこころの働きの独自性をこれから考えていきます。

第二章　感情と心像、そして意志

†心理過程は本人しかわからない

現在、地球上に人間が七五億人も住んでいるそうです（二〇一七年時点）。こころは、その一人一人の神経過程から創発する現象です。そしてその現象は本人しか経験できません。

こころがどのようにして成り立っているのかを知るためには、一人一人の内部に閉じ込められている経験の世界を、その人の行動や言葉を通して推察し、その人の経験と本人自身（本書の場合だと、わたし）の経験を照らし合わせ、本当だと思われる部分を抜き出し、整理して考えていくしかありません。

しかし、他人の経験が本当に分かるか、というのは大きな問題です。前章で触れた、「アッッ!」という感じも、その時の本人の経験が実際にどんなものかは、本人以外には直接には経験できません。

本人の痛みの経験は、本人にとっては直接的で動かしようのない出来事ですが、他人にとっては間接的であいまいな、推察するしかない出来事です。

相手が発した「アッッ!」という言葉に、その時の相手の実際の行動（顔面を含む全身表現）の観察を重ねて、この人は「熱がっているのだな」と、直観的に理解することができるだけです。

心理現象の研究には、科学でいう観察とか計測などという方法になじまない部分がいっぱい含まれているのです。

このように相手の心理過程の内容は本人に語ってもらうか、外から想像するしか方法がありませんが、心理現象が起きているかどうかは外からでも確実に判断することができます。

たとえば死です。からだを構成する臓器の働きが止まると、いのちは消滅し、人は死にます。

同時にこころも消滅します。からだがあっていのちがあり、いのちがあってこころがあるのですから、当たり前ですね。

眠りもそうです。

眠ると、覚醒時の意識は休止状態に入ります。あるいは特殊な状態（夢）に入ります。眠りという行動を見れば、意識に変化が起きていることが分かります。

全身麻酔というのもあります。

外科医が患者に大きな手術を施す時、麻酔科医が全身麻酔をかけます。麻酔薬で神経系の働きをすべて抑えてしまうのです。そうすると、全身のすべての神経活動が低下しますから、呼吸や血圧を人為的に維持しなければなりません。同時に意識が無くなります。本人は痛みをまったく感じなくなります。痛みどころか、そもそも手術中の出来事を一切経験しなくなります。

あるいは、突然、脳出血が生じて、脳が大きく破壊されるような事態が起こると、人はこん睡状態に陥ってしまいます。決して目を開けることもなく、刺激にもまったく反応しなくなります。この時、こころは活動していません。

脳に目に見えるような破壊が起こらなくても、供給される酸素量や血糖量が低下すると、全神経系の活動が低下します。同時に意識が低下します。

問題は、こころが活動している時の、こころの内容です。経験の内容です。眠っている人を見れば、当人の意識が落ちていることは分かりますが、意識の内容がゼロなのか、何かがうっすらとでも経験されているのかまでは分かりません。

横になっている人であっても、全身の筋や皮膚に緊張がみなぎっていることが観察できれば、相手が眼を閉じていたとしても、意識が活動していることは分かります。しかし、何を感じ、何を考えているかを知ることはできません。

あるいは、怒りが全身で表現されていれば、この人は怒っているな、と感情の動きを推定できます。しかし、怒りの内容を知ることはできません。

誰かが泣き崩れていれば、この人は悲しんでいる、と分かります。でも、悲しみの程度が分かるだけで、内容は分かりません。

じゃ、こころの内容はまったく分からないかというとそんなことはありません。自分の経験に基づいて、考えていけばいいわけです。そして、その考えが他人の経験とも矛盾しなければいいわけです。

†知性と感情と意志に分ける

こころの内容の捉え方でもっともよく知られているものに知情意論というのがあります。こころは知性と感情と意志の三要因からなると考えるのです。この説は、夏目漱石の名作、『草枕』の冒頭に使われています。

「山路《やまみち》を登りながら、こう考えた。

智に働けば角が立つ。情に棹させば流される。意地を通せば窮屈だ。とかくに人の世は住みにくい」

知情意論は、もともとは一八世紀のドイツ哲学に始まったもので、かのイマニュエル・カントもこの説に基づいてあの有名な『純粋理性批判』、『判断力批判』、および『実践理性批判』の大著を構想したのだそうです。ちなみに純粋理性は知性に、判断力は感情に、実践理性は意志に対応します。

このドイツ流の知情意論を大きく発展させた人にイギリスの心理学者アレキサンダー・ベインがいます。こちらは一九世紀中ごろに活躍しました。彼も、こころは、感情、意志、および知性の三つの能力から成り立っていると考えています。

わたしは、この知情意という、今の心理学ではお蔵入りになってしまった、こころの捉え方がいたく気に入っています。なんと言っても分かりやすいのです。しかし、そのまま鵜呑みにしているわけでもなく、少しだけひねって、こころを感情、心像、そして意志の統合体と考えています。知の働きを心像の働きに置き換え、語の並びを知・情・意から、情・心像・意に変えたのが、味噌と言えば味噌です。

こころが経験するのは感情と心像で、これらの経験を制御し秩序立てる働きが意志です。以下、それぞれについて説明します。

1　感情

感情はわれわれの経験の大元です。

感情を定義するのは難しいのですが、なんとなく広がっていると感じられる経験です。たとえば、「楽しい」という感じ。こころ一杯に広がる感じがあります。あるいは、「見ている・見えている」という感じ。この場合は「目」の前に限ってですが、やはり広がりを感じています。

前者の「楽しい」という感じは感情と呼ばれ、後者の「見える」という感じは感覚と呼ばれますが、わたしは感覚も感情の一つと考えています。どちらもはっきりしない、つかみどころのない、広がりの感じです。

感情は、情動性の感情、感覚性の感情、およびこれら二つの元になっている感情、と大きく三つに分けられます。

†情動性の感情

一番分かりやすいのは、情動性の感情です。

この感情は、時には内発し、時には環境に由来する、複雑かつ豊かなこころの動きで、なんとなくこころ一杯に、それも均質に広がっているように感じられます。このあいまいで切れ目のない経験をなんとか整理しようとする試みが古くからなされてきました。

たとえば「喜怒哀楽」という分け方があります。

この四分類は、喜・怒・哀・楽・愛・悪《お》・欲の七情を略したものです。中国渡来（『礼記』：紀元前三世紀ごろ成立）の分類です。人間ならだれのこころにも内発する感情で、学んで覚えるものではありません。人間同士のかかわりあい、あるいは人間と自然とのかかわり合いの中で、こころに立ち上がる感情です。

ヨーロッパでは、古くから人間の性格を沈み込むタイプ（黒胆汁質）、怒りっぽいタイプ（胆汁質）、無気力なタイプ（粘液質）、楽天的なタイプ（血液質）と四つに分けています。古代ギリシア医学から続く伝統ですが、これも人類共通の感情です。

　進化論の生みの親、チャールズ・ダーウィンは、感情を表出運動の特徴に基づいて大きく八つのグループに分けています。すなわち、苦痛、落ち込み、喜び、反省、怒り、嫌悪、恐怖、それに恥です。それぞれグループの中に、いくつかの感情がまとめられています。一例を挙げますと、からだの動きが無くなり、表情も動かなくなって、眉の内側が持ち上がり、ひたいに皺が刻まれ、口角が下がるような場合。こんな時、本人は落ち込んでいて、不安にみたされ、絶望感に襲われている状態にある、と言っています。

　最近ですと、ロバート・プラッチックというアメリカの心理学者が「感情の輪」という説を出しています。すなわち、基本的な感情は八つに絞り込めるとし、この八つが輪になって閉じている図を提示しています。そして、ちょうど色彩に補色があるように、相対する感情は反対の感情になる、と言います。

　その八つの基本感情とは、悲しみ、嫌悪、怒り、希望、喜び、受容、恐怖、そして驚き、です。相補関係にあるのは、悲しみと喜び、嫌悪と受容、怒りと恐怖、希望と驚きです。そして、これら八つの基本感情が組み合わされて、さらにいっそう複雑な感情が生まれると主張しています。たとえば、隣り合わせの喜びと受容が混じり合った感情が友情なのだそうです。

アメリカの神経内科医アントニオ・ダマジオは、脳損傷患者の経験に基づいて、基本的かつ普遍的な感情は、幸せ、悲しみ、怒り、恐怖、それに嫌悪の五つだとしています。いろいろです。なかなか整理しきれないのが感情なのです。

たとえば、「悔しい」という感情を考えてみましょう。

さきほどの七情（喜・怒・哀・楽・愛・悪・慾）の「怒」に近いようにも思えますが、だいぶ違います。相手に馬鹿にされたことがわれながら腹立たしいのですが、この感情は相手への「怒り」ではありません。あるいは相手への「憎しみ」でもありません。ただただ自分のふがいなさが「悔しい」のです。じゃ、落ち込んでいるのかというと、そういうことでもありません。

ことほどさように感情はいくらでも違って経験されます。違う経験がいくつもいくつもこころに感情の襞を残していきます。もともとが広がりにおいても強さにおいても連続する経験ですから、切りようによって、いくつにでも切り出せます。ただ一つの感情を描くために一つの短編小説が書かれたり、一つの詩が詠まれたりするくらいです。

感情はその流れの方向が外へ向かっているか、自分へ向かっているかによっても、ある程度は整理できます。

外へ向かうのは、美しい、気高い、神々しい、羨ましい、誇らしい、腹立たしい、憎い、嫌い、怖い、恨めしい、妬ける、などの感情で、自分に向かうのは、落ち込む、いらつく、悲しい、寂しい、辛い、苦しい、悔しい、情けない、楽しい、嬉しい、落ち着く、落ち着かない、幸せ、不幸せ、自信がある、自信がない、などです。

あるいは、感情の流れが未来へ向かっているか、過去へ向かっているかでも整理できます。あこがれ、望み、願い、期待、欲しい、呑気、なんとかなるさ、などは未来へ向かうこころの動きですし、悔しい、惜しい、辛い、恨めしい、取り返しがつかない、などは過去へ向かうこころの動きです。

あるいは自分の行為に同期している感情もあります。興奮の感じ、緊張の感じ、努力の感じ、無為の感じ、無力の感じ、徒労の感じ、落ち着いている感じ、などなど。

変化の速さで、整理できる場合もあります。

感情があまり変化なく、持続する場合は、気持ちとか気分と呼ばれ、比較的急激に立ち上がり比較的早く元へ戻る場合は、情動と呼ばれます。

†感覚性の感情

次は感覚性の感情です。

たとえば、第一章で例に挙げた「アツッ！」というやつ。熱さの感覚であり、痛みの感覚でもあります。

感覚は、感情のように無方向性の広がりでなく、自分のからだの特定の部位から来るように感じられます。

たとえば手の火傷ですと、痛みは手から来ると感じられます。

歩いていて冷たい風に吹きつけられると、からだがブルッと来て、「おお寒っ！」と感じます。これも顔や手足から来ると感じられます。

痛い、熱い、暑い、冷たい、寒い、腹減った、腹いっぱい、などは皮膚や消化器から来ると感じられます。

あるいは、寝ている、立っている、歩いている、走っている、止まっている、休んでいる、手を伸ばしている、背伸びをしている、目が回っている、ふわふわしている、などなど、自分の動作や姿勢についての感覚があります。たいていは背景に退いていますが、これも感情です。身体から来ると感じられる感覚性の感情です。

感覚性の感情のうち誰にでもわかりやすいのは、古くから五感と呼ばれてきた五種類の感情です。視覚・聴覚・触覚・嗅覚、それに味覚ですね。

たとえば、視覚の場合ですと、からだの一定部分、つまり眼なら眼という局所と関係して、ぼんやりと広がる独特の明るさの感じが経験されます。桜を見ているとしても、見ている・見えている、という感覚が桜だけでなく、桜という対象の背景にも広がって感じられます。

ただ感覚性の感情の広がりは、情動性の感情の広がりにくらべれば、感覚器と結びついて感じられる分、比較的狭くなります。

五感は、感覚器の性質によってそれぞれ違って感じられますが、もともとは共通の性質を持っていた可能性があります。

そのことを教えてくれるのが、「共感覚」という心理現象です。

共感覚というのは、味覚対象（食べつつあるもの）が視覚性感覚として感じられる、あるいは聴覚対象（聞こえつつあるもの）が視覚性感覚として感じられる、などという経験です。

具体的な例を挙げてみましょう。リチャード・シトーウィックというアメリカ人医師の著書からの引用です（Cytowic RE: The Man Who Tasted Shapes, 2003）。

ある共感覚者（彼は共感覚を持つ人をこう呼んでいます）は、こどもの時から共感覚を自覚していましたが、その経験を語っても、誰も信用しないし、変人扱いされるだけなので隠し続けていたそうです。

ある時、この人が、友人たちを自宅に招いて、手料理をご馳走しました。お得意は手製のローストチキンです。焼きあがったチキンに、これまた手作りのソースをかけてみて、味見をするのですが、このとき、思わず、こう口走ったのだそうです。

「こりゃ、まずい。チキンにしっかりとがりが出ていない」

これをたまたま客の一人だった、シトーウィック氏が聞き咎めました。

「しっかり。何が？」

と問い返したのです。

すると、彼はこう答えました。

「今の俺の言葉、君しか聞いていないよな。君は神経内科医だからまあいいか。実は、俺はかたちで味わうんだ。味にはかたちがある。俺はこのチキンの味にとがりをいっぱいつけたかったのだが、のっぺらな球になってしまった。とがりが沢山無いと、人様には出せないよ」

通常、味は味です。しかし、この人の場合は、味覚と視覚がつながっていて、味覚経験はそのまま視覚経験なのです。

同じ書物から、もう一例引用しましょう。シトーウィック氏の著書へ感想を寄せてきたある読者の手紙です。

「わたしには音が色に見えます。同時になんとない圧を皮膚に感じます。「見る」が正確な表現かどうか分かりませんが、音を「見る」のです。わたしの大好きな色は夫の話し声や笑い声です。夫の声はこがね色で、カリッとしたバター塗りトーストの味がします」

この投稿者は、聴覚器（耳）由来の感覚性感情（声）を視覚器（眼）由来の感覚性感情（こがね色）として経験しています。それどころか触覚器（皮膚）由来の感覚性感情（圧）としても経験しています。同時に味覚器（舌）由来の感覚性感情（バター塗りトースト）としても経験しています。音を見、音に触れ、音を味わっています。本人にしか経験できない感覚なので、他者には想像し難いのですが、それぞれの感覚性感情の根はもともと同じものなのだ、と考えればなんとなくですが、理解できます。

こういう体験は幼少時からのものらしいので、五感に分化する前の感覚性の感情が、成人になっても、残っているのではないかと思われます。

†コア感情

最後は以上二つの感情の元になる感情、すなわちコア感情です。

おそらく、感覚性の感情や情動性の感情などとわれわれが感じ分けている感情は、もともとはそれほど違いのない共通の経験だったのではないかと考えられます。

アメリカの神経心理学者ジェイソン・ブラウンはこのような根っこの心理過程をずばり、コア（こころの芯）と呼んでいます。わたしは彼のいうコアを感情の一つと考えています。

コア感情は、情動性の感情や感覚性の感情に比べれば、揺れの少ない安定した経験です。コア感情と、この二つの感情のもっとも重要な違いは、コア感情は意識されないという点です。

たとえば、深く眠っている時のこころの経験です。

意識的には、何も感じていません。しかし、本当に何も経験していないのでしょうか。深い眠りでも、なんらかの形でこころの活動は続いているはずだ、とわたしは考えています。もし、続いていなくて、深い眠りごとに、こころの活動が完全に停止するのだとすれば、朝、目覚めたこころは、眠る前の自分なのかどうか分からないことになるのではないでしょうか。こころが活動し続けている（つまりなんらかの経験をし続けている）からこそ、目覚めた自分が昨夜の自分に続いていると確信できるのです。

深い眠りでもこころが活動し続けていることは、少し浅い眠りの経験から推測できます。もちろん、わたしの経験しか根拠はないわけですが、眠りにくくて、無理に眠ろうとする時、わたしはたいてい般若心経を暗唱するか、百人一首を全部思い出すか、どちらかをやります。

すると、いつの間にか眠っています。

それでも眠れない時のことですが、まるで眠れなかったと思い、起き上がって時計を見ると、たいていの場合、二時間くらいは経っています。あるいは、目覚し時計が鳴ることもあります。すでに朝です。

眠れないと思って、般若心経を暗唱、それも、せいぜい二回目をやっているつもりなのに、実際はかなりの長い時間が過ぎていたのです。

この場合、意識する時間経過と実際の時間経過（時計が刻む時間）の間に、乖離が生じています。自覚的には、ずっと眠れていないと思っているのですが、実際には眠っているのですね。言い方を変えますと、自覚的には短い時間しか経っていないのですが、外の世界では（客観的には）長い時間が経っているのです。

般若心経の暗唱が、ゆっくりとしたものになっている、つまり長い物理的時間をかけてしか終わらないものになっているのですが、こころはこの経過を意識していません。いずれにしても、自覚的な目覚めの体験としては、「もう朝になってしまった。この間、ずっと般若心経を唱えていた。ああ、全然眠れなかった」

ということになります。

つまり、眠っている時は（眠りといっても、夢見る眠りはまた別です）経験される時間の質が変化していると考えられます。しかし、こころの活動（＝コア感情）が中断しているわけではありません。

以上、感情には、情動性の感情、感覚性の感情、それにコア感情の三種が区別できるのではないか、というわたしの考えを述べました。繰り返しますが、この三つの経験には、共通の性質があります。こころを空間にたとえますと、こころの空間全体に広がっているように感じられる、そういう性質です。

あるいは、海にたとえることができるかもしれません。こころという海はいつも感情という水に満たされています。

2 心像

心像とは、外の世界を知るためにこころが作り出す「かたち」のことです。

外の事物は空間を占め、さまざまなかたちを作っています。植物は植物特有のさまざまなかたちをし、動物は動物特有のさまざまなかたちをしています。われわれの周囲は、建物、道路、田畑、森、山、川など、さまざまなかたちあるモノで埋め尽くされています。頭上を見上げても、鳥、飛行機、ヘリコプター、ドローン、雲、霧、雨、雪、太陽、月、星と、かたちあるモノばかりです。顕微鏡下にも、今まで見えなかった不思議なかたちが次々と現れます。望遠鏡の倍率を上げれば、ただの光の点だったものがさまざまなかたちになって現れます。

これらの外の事物をとらえるこころの仕掛けが心像です。外の世界に存在する「かたち」そのものではなく、外の世界の「かたち」に対応させてこころが作り上げ、われわれが経験する「かたち」です。

「かたち」と言っても、外の事物から連想できるような具体的なかたちが心の中に出来上がるわけではありません。こころが経験するまとまりの感じです。

自分のこころの中に立ち上がっていて、なんらかの秩序、あるいは組織性を持つ経験と感じられるものです。感情は広がりの経験で、かたちをなしていませんが、心像はまとまりの経験で、かたちを作っています。

心像は、感覚性の心像、超感覚性の心像、そして語心像の三つに分けられます。

†感覚性の心像

心像経験のうち、もっとも納得できるかたちは、視覚、聴覚、嗅覚、味覚、触覚、および運動覚が作り出す、外の世界のかたち、すなわち感覚性の心像です。

まず、視覚が作り出す心像から考えてみましょう。

われわれが目を開けて何かを見ようとする時、最初に視覚性の感情が経験されます。たとえば、いきなり、暗闇から明るみに出た時、最初は何も見えず、一瞬まぶしい感じがします。「見え」の感情がまず経験されるのです。はっきり見え出してからも、ある特定の対象の形だけが見えてくるわけではありません。同時に視野全体に「見え」の感情が広がります。

野原に寝そべって、茫然と目を開いている時、何かを見ているようでもあり、見ていないようでもあり、しかし眠っているわけでもない状態が訪れることがあります。視覚的な感覚性の感情が優位の状態です。

このとき、一羽の鳥が視界に入ってきます。

あ、鳥だ、何ていう鳥かな？　と、こころが動きます。ひたすら広がっていて、取り留めも無かった視覚性感情に、言ってみれば、凝集が起こります。鳥のかたちがこころに生み出されたのです。これが心像です。

こころは鳥の動きも捉えます。

ぼんやりと広がっている、見えの感情の世界をかたちが移動します。

この動きも、心像です。

最初ぼんやりとした小さな点のようだった鳥のかたちが、一定のかたちを取り始めます。

え？　この鳥何だった？　ヒヨかな？　セキレイかな？　サイズから言って、ヒヨか。飛び方から言ってもヒヨか。と、心像がだんだんと明晰になります。

始め、漠然とした広がりだった経験が、ある構造を持つまとまりの経験に変わっていきます。

視野全体に広がる感情（視覚性の感覚感情）という溶液から「かたち（視覚性心像）」が析出するのです。

ドイツで活躍し、後、アメリカに移った心理学者、ウォルフガング・ケーラーは、「全体」あるいは「シーン」を視知覚の最も重要な基盤だと主張しています。

まず、外界全体が一つのまとまり（シーン）として感じられ、ついで、本人の経験に応じて、シーンの中の構成物が心像群として経験され、同時に心像群の関係が捉えられます。

大規模なデモの様子がテレビに映し出されたとします。興味がなければただたくさんの人の集団が見えるだけです。興味のある人にはその集団が統制のとれた集団なのか、まったく気まぐれな人間の集まりなのか、すぐに見えてきます。もし、さらに興味のある人ならば、その人たちの職業や年齢まで見分けてしまうかもしれません。ただの人間のかたまりが、見る人のこころの中で、区別され、切り分けられて、個別的な人間の心像が立ち上げられます。

†「かたち」が経験されると物理的なかたちにできる

個別の心像とはどんなものでしょうか？

こころの話ですから、とらえどころがないのですが、自分自身にはっきりと感じられる（経験できる）かたちです。個別性の、つまり輪郭のはっきりした「かたち」がこころにしっかり経験されると、その経験（つまりその心像）は、鉛筆や筆を使って、紙や板に描きだすことができます。あるいはなんらかの材料を使って、物理的なかたちにすることができます。

また漱石で恐縮ですが、彼の『夢十夜』の第六夜に運慶の彫刻現場を見た話があります。「運慶が護国寺の山門で仁王を刻んでいるという評判だから、散歩ながら行ってみると」と始まります。

何の木かは書いてないので分かりませんが、檜か何かを相手に、運慶が大勢の見物に委細頓着なく、鑿《のみ》と槌を動かしています。

「運慶は今太い眉を一寸の高さに横へ掘り抜いて、鑿の歯を竪に返すや否や斜に、上から鎚を打ち下した。堅い木を一刻みに削って、厚い木屑が槌の声に応じて飛んだと思ったら、小鼻のおっ開いた怒り鼻の側面が忽ち浮き上がって来た。その刀の入れ方が如何にも無遠慮であった。そうして少しも疑念を挟んでおらんように見えた」

なぜそんなに無造作に切り込めるのでしょうか？　それは、「あの通りの眉や鼻が木の中に埋っているのを、鑿と槌の力で掘り出すまでだ。まるで土の中から石を掘り出すようなものだから決して間違うはずがない」のです。

運慶のこころには仁王の明晰な心像があり、この心像を運動（彫刻と言う行為）によって木という実在のモノに写し取っているのです。

音をこころがかたちにする

聴覚ではどうでしょうか。

原理は視覚とまったく同じです。聴覚性の感情も、外から聞こえて来る音を空間的な広がりおよび時間的な持続として経験します。視覚でもそうですが、聴覚性感情の場合は時間的な持続の経験が特に重要です。

この聴覚特有の質を持つ感覚性感情を基盤に、さまざまな音がかたちとして経験されます。

人の話し声も、笑い声も、犬のほえ声も、猫の鳴き声も、電車の通過音も、蛍光灯のかすかな唸りも、時計のチクタクも、車の警笛も、ドアの開閉音も、楽器音も、すべての音はわれわれのこころに特有のかたちを立ち上げます。はっきりとは意識できませんが、それぞれ特徴のある空間的な広がりと持続を持って経験されます。

聴覚性の心像は、視覚性の心像と違い、空間性の広がりが弱いので、たとえはっきりと経験できたとしても、つまり、こころにはっきりとした輪郭を作り出せたとしても、絵や彫刻のように、実在の空間にそのかたちを投げだすことはできません。

そのかわり、この聴覚性のかたちを時系列上に自分の運動として投げだすことができます。

そのもっとも分かりやすい例は言葉です。

もし、誰かの話し声を聞いた時、ただの音のかたまりとしてしか経験できないならば、その時、こころには音のかたちは立ち上がっていないわけです。しかし、その話し声がかたちとして捉えられる時は、具体的な音韻の系列として経験されます。

かたちが経験できると、視覚性の心像と同じように、そのかたちを運動化することができます。つまり、その音を自分で作り出すことができます。発音できるのです。動物の鳴き声や鳥のさえずりを見事に真似る天才がいますね。あの人たちのこころは聞こえてくるさまざまな鳴き声をかたちとしてくっきりと捉えているのです。くっきりと捉えられれば、そのまま運動へ変換できるのです。

音楽経験も同じです。音楽受容は聴覚性の感情を輪郭あるものに切り取る経験です。わたしは音楽がよく分かりません。分からない音楽をいくらがんばって聴いていても、こころには無秩序な音のかたまりが経験されるだけで、いつも劣等感を持っています（ちなみに劣等感は情動性感情です）。それでも、オーケストラを聴いていて、その演奏にこころが馴染み、いい気分になっている時は、そのオーケストラのモチーフなり楽句なりが、ある程度は輪郭ある心像として経験され、こころはその輪郭をなんとなくなぞっています。音のなぞり、というのは運動性の経験です。その音の流れに肉体が反応し、からだが知らず知らずに揺れたりもします。

歌の場合だと、そのメロディが口をつき、声には出さないものの、一緒に歌っていることがあります。

触覚経由の外の世界の知覚も心像経験です。

「触る・触られる」は、それだけだと触覚性の感覚感情のみですが、皮膚のあちこちから感じられる感覚を結ぶと、触覚特有の「かたち」経験が生み出されます。

たとえば、コインに触ると、コインと分かり、碁石に触ると碁石と分かり、お札に触ればお札と分かり、布に触れば、絹だ、いやウールだと分かります。触覚性の心像生成には、からだの側からの働きかけ（探索運動）がとりわけ重要な役割を担っています。ただ、手のひらに乗せられるだけだと分からないものも、指を動かしてそのモノに「触って」みると、たちまちそのかたちがこころに浮かびます。

手を使って食事を楽しむ文化では、指で味を感じるといいます。探索する指の動きが触覚の感度を高め、さまざまな食材の違いを「かたち」（それぞれに特有の触覚構造）として経験するのでしょう。

嗅覚でも味覚でもやはり、さまざまに特有の匂いや味が経験されますが、これらの経験もすべてこころによる「かたち」の立ち上げです。匂い分けや味わい分けができる時、われわれはただ味や匂いを感じているだけではなく、それぞれの匂いや味を独特のかたちとして経験しています。独特の匂い、独特の味は、嗅覚性の感情の場、あるいは味覚性の感情の場に描き出される匂いのかたち、あるいは味のかたちなのです。

†経験の性質により感情は変わる

外の事象をただ一回経験するだけでは、たぶん心像は立ち上がりません。類似の経験が複数回重なる時、その経験の共通項が抜き出され、その共通性がかたちの経験を生み出します。

ですから、感情経験と心像経験には経験の質に差があります。感情経験は身体に直結していますが、心像経験は繰り返しによる共通部分の抜き取りですから、身体との直接的な接触感がわずかながらも薄くなり、その分、抽象性が加味されます。

心像には、自分のからだの外にあるかたちの経験のほかに、自分のからだの動きや、自分のすがたにかかわるかたちの経験があります。運動覚性の感覚感情に由来するものです。からだも、こころという心理経験からすれば、外にある対象になります。からだ（正確には関節の集合体）が動くと、こころはこの動きを感じます。これが運動覚です。

目をつむった状態で、他人に自分の指や手を動かしてもらいますと、その動きを感じることができます。筋が収縮して関節が動き、骨がお互いの位置を変えるわけですが、その変化が身体部位の位置の変化として感じられます。自分のからだが「動いた」ことを自分のこころが感じます。五感由来の感覚性心像と似ていますが、知覚の対象が自分のからだの「動き」である点、経験の性質が違います。

†超感覚性の心像

ここまで述べてきた心像は目に見えるかたちとか、聞こえてくる音とか、感覚様式それぞれの質（感覚性感情）を伴って経験されますが、それだけが心像ではありません。かたちの経験が特定の感覚性感情に縛られている状態では、こころが外の世界を十分に捉えているとは言えません。これだけだと、なお外の世界の出来事はわれわれのからだの都合にしばられていて、偏った経験に留まります。

外の事物の本質にこころが少しでも接近するためには、個別の感覚性感情が立ち上げるかたちを、個別の感覚のしばりを超えた経験へと、経験の水準を上げていかなければなりません。

たとえば、茶碗なら茶碗は、一度も手に取ったことがなければ、視覚的なかたちの経験に留まり、これを別の機会に触ることがあったとしても、視覚性と触覚性のかたちの経験に留まります。

同じ茶碗についての、視覚性経験（視覚性心像）、触覚性経験（触覚性心像）、持ち上げる経験（運動覚性心像）などが同時に立ち上がる時、初めて実際の茶碗に限りなく近い心像が経験されます。このような心像は感覚様式を超えた経験であり、感覚性心像より水準が高い経験と考えられますので、わたしは「超感覚性心像」と呼んで、感覚性心像と区別しています。超感覚性心像は、わずかながらも、感覚性感情のしばりを抜け出したこころの働きです。「かたち」の経験ですが、かなり抽象性を増した「かたち」の経験です。観念という言葉がありますが、そんな概念に当てはまるこころの働きです。

†語心像

超感覚性の心像には、茶碗のようにさまざまな感覚性心像を統合したもののほかに、言語活動の元となる、独特な心像があります。語心像です。わたしの勝手な命名ですが、言葉経験を支える心像です。

われわれは言葉を使います。というか、言葉なしでは生きていけません。

言葉を用いることによって、われわれは、自分の経験する感情や自分の経験する心像を仲間に伝えることができ、その経験を仲間と共有することができます。

言葉がどうやって人間のものとなったのかは、よく分かっていません。長い進化の過程でゆっくりと出現した能力だと考える人もあれば、人間だけに突然降って湧いた本能的能力だと考える人もあります。どちらの説がより正しいのか、わたしにはよく分かりませんが、言語が感覚性の心像形成能力を超える、より高い水準の心的能力であることは間違いのないところです。

言葉の特徴は、一定の音声に一定の心理経験（感情や心像）を代表させている点にあります。音声という風呂敷で心理経験を包んでいる、と言い換えることもできます。

経験は自分のこころの中に留まりますが、音声は運動表現ですから、他人も聞くことができ、観察することができます。この他人にも理解できる手段（音声）を使って、他人に経験できないこころの内容（感情や心像）を伝えるのが言語行動です。

†音と経験をつなぐ

昔、昔、今から二〇万年ほど前、われわれの祖先は家族単位あるいは仲間単位で洞窟に住んでいました。雨が降ってきました。外にいればこの雨を直接経験できますが、洞窟の奥深くにいれば、経験することはできません。洞窟の外で雨に遭って来た人が、洞窟の奥深くへ戻って来て、「ザーザー、ザーザー」と雨音を真似して見せたとしたらどうでしょうか？　洞窟奥深くの仲間も相手の濡れ具合と「ザーザー」の音声を耳にすることで、外で雨が降っていることを知ることができるでしょう。

「ザーザー」は雨経験そのものではありません。雨降りの音に似せていますが、正確な音の再生でもありません。自分が今経験してきた雨心像の、自分の声音《こわね》による自分勝手な表現です。

しかし、共同で暮らしている人たちの誰もが、雨が降るたびに、その現象を「ザーザー」と同じ声音で表現するようになれば、「ザーザー」はこの仲間すべてにとって、雨という自然現象の、代替表現になります。つまり雨を表す記号になります。雨という具体的な経験が、「ザーザー」という音声記号によって表わされるようになったのです。ただし、この段階での「ザーザー」音声は、仲間内でしか、雨の記号としての役割を発揮していません。遠く離れた別の社会では「ザーザー」音は、雨経験を喚起せず、滝の音を喚起するかもしれません。ひょっとしたら労働による汗だくだくの経験を喚起するかもしれません。近くの草原を吹き抜ける風の音の真似かもしれません。洞窟周辺の人たちみんなの間で「ザーザー」記号が雨経験を呼び起こす必然性はありませんから、「ザーザー」はたまたま、ある洞窟内だけの雨経験を伝える記号に留まっています。

「ザーザー」はわたしのでっちあげた例で、何の根拠もありませんが、言語行動の原点はこういうところにあったのではないでしょうか。

もうちょっと与太話を続けますと、洞窟仲間の誰かが疲れきって帰ってきて、「ああ、ヘトヘト」と、いつも同じ声を出していたとします。そのうち疲れると、仲間の誰もが「ヘトヘト」と言い始め、強い疲労感（感情）の決まり切った音声表現として定着する、なんてことがあったかもしれません。感情という個人限定の心理経験が「ヘトヘト」という「記号」によって、仲間で共通に理解できる心理経験になったのです。

発声行動は本来、叫び、唸り、あるいは笑いなど、ヒトの情動表現の一部だったのですが、進化の過程で、より精緻でより複雑な音声をさまざまに作り出せるようになっていったのでしょう。そして、仲間の誰かが自分勝手に作り出した音声系列と、その音声に結び付けられていたその人の心理経験が、仲間内で共有されるようになっていったのでしょう。つまり特定の音声系列が、特定の心理的経験の記号となっていったのでしょう。

こうした人為的音声記号の数が増えるにつれ、音声系列を構成している個々の音をより正確に区別できるように、仲間うちである程度の発音行動の統一化が進んでいったはずです。仲間の中でも、語彙（異なる音声）をたくさん聞き分け、覚え込んでいる賢人が現れて、「ザーザー」を発音する時は、必ずみんなが「ザーザー」となるように、決して「サーサー」にも、「ズーズー」にもならないように、注意をし続けたのかもしれません。「スースー」は寝息みたいや。雨表現になっていない。ちゃんと「ザーザー」と言え」などと……。

一方では「ザーザー」と「ダーダー」を区別する努力は怠ったかもしれません。注意する賢人自身が区別できなかったのでしょう。

こうやって一定の仲間うちでは、同じ経験が同じ発音行動を媒介にして、より正確にやりとりされるようになり、社会の安定性、一体性がより強まっていったのではないでしょうか？

いったん一定の言語社会の中で、音声が共通経験の記号として使い始められると、その同じ社会では、発音に共通の単位（音節）ができ上がることになります。そうなれば、今度はその単位をいろいろ組み合わせて、任意の音声系列を作り出し、さまざまな事物・現象に当てはめていくことができるようになります。

こうして伝えたい経験が多くなり、その名前（記号）も増え始めると、雨が「ザーザー」では長すぎて、まどろっこしくて、会話の実用にそぐわなくなってしまうかもしれません。そして、いつの間にか、雨経験は「アメ」という、実際の感覚経験とはまったく関係のない、つまり擬音語ではない語彙へと変貌していったのでしょう。音の系列を新しく作り出すという知的な営みがさかんに行われるようになったのでしょう。

われわれの心理的経験の土台は感情です。感情がこころに瀰漫しています。この感情を母胎に事物のかたちが生み出されます（感覚性の心像）。さらには同じ事物についての他の感覚様式のかたちと結びつくことで、いわば抽象的なかたちが生み出されます（超感覚性の心像）。最後に、こうした感情や心像経験に、社会共通の音韻心像（記号）が結びつくことで、語心像が経験されるようになります。さらに語心像を組み立てる（文にする）ことによって、複雑な概念や観念が生み出されるようになります。

3　意志

この章のはじめに、こころは感情と心像と意志から成る、と書きましたが、感情と心像と意志が別々の働きで、この三つを加えた働きがこころということではありません。こころはもともと一つであり、分解できない現象です。からだのように呼吸系や循環系などと、機能別に分離できるものではありません。ある見方をすれば、感情の側面が目立ち、別の見方をすれば心像の側面が目立ち、また別の見方をすれば意志の側面が目立つ、ということです。この事実を踏まえての話ですが、意志とは、感情や心像などを秩序づけ、行為に向かうこころの働きです。

ですから、当然のことながら意志は運動との関係が密接なのですが、運動実現すなわち意志実現の表れ、と見るわけにはいきません。

運動はもともと自発性が特徴ですが、自発性イコール意志ではありません。たとえば、胎児は母体を離れた瞬間、元気に泣き始めます。産声ですね。自発性の始まりです。それまで母体に頼っていた酸素の取り込みを、自分の力で自発的に始めます。それまで働いていなかった肺と呼吸筋が力一杯働き始めたのです。

もちろん、母親からの血液供給が断たれる、子宮環境を離れる、外界へ放り出される、などなど環境条件が整ったための「自発性」で、一〇〇パーセントの自発性ではありませんが、空間的に母体から切り離され、独立した一個体として、自発的な行動を始めたのです。

胎内にいる時でも、骨や筋ができ上がってくると、少しずつ自分で動き始めます。母親はお腹の中に自分とは異なる新しいいのちの存在を感じ、幸福感に満たされます。

生まれたての赤ちゃんは、産声もそうですが、しばらくはもともと自分のからだが持っている遺伝的プログラムに従って活動します。なんらかの原因で環境が自分のこころを満たしてくれない時は、泣いたり、怒ったりします。泣くときは全身で泣きます。怒るときも全身で怒ります。これらの自発性の動きは本能的なものです。

本能的な行動はさまざまありますが、観察しやすいものの一つに、「本能性把握」と呼ばれる行動があります。たとえば、赤ちゃんの手のひらに指を置くと、赤ちゃんはかなり強い力で握り返してきます。握れるほどのものであれば、指でなくても、ただの棒であってもしっかり握ろうとします。意志が働いていないという意味で、このような行動は自動行動と呼ばれます。特定の刺激（大人の指のような握りやすいもの）があれば、そのままその刺激に応じた特定の行動（把握行動）が自動的に誘発されます。

自動行動に対し、自分の行動を自分の意志で決める場合を随意行動と呼びます。生まれたての赤ちゃんの場合ですと、たとえば、お乳を吸う行動は、本能的で自動的な行動ですが、生後しばらくすると、母親が赤ちゃんを抱き上げて、乳房を口に含ませようとしても、乗ってこなくなる場合も出てきます。特定の刺激（母親の乳首）が特定の行動（乳飲み）を誘発しないわけですから、行動の本能的性質は失われつつあると考えられます。赤ちゃんは、自分が欲しい時にだけ、母の乳首を欲しがるようになっていくのです。自動行動から随意行動への移行の始まりです。

本能性把握行動に戻りますと、赤ちゃんがいったん握った指は、こちらから離そうとしても、簡単には離してくれません。手のひらへの接触が、ずっと刺激として作用し続けて、把握運動を維持させるからです。離すためには、赤ちゃんは自分の指を意図的に伸ばさなければなりません。「握り」運動を止め、「開く」運動に切り替えなければなりません。この切り替えができるようになると、自動的反応の段階から、意志による運動、つまり「随意性」行動へと、運動の性質が変わります。

幼児の指さしは、明らかな随意行動です。指で何かを指し示すためには、その何かが明らかな心像として幼児のこころに立ち上がっている必要があります。その心像に対応している事物を指で指し示すのです。同時に、この時、もう一つの意志の働きがみられます。赤ちゃんは片方の手の、五本の指のうち、人差し指一本だけを立てます。そしてこの指先を欲しいモノの方向へ突き出すわけです。それまでは五本の指を一緒に握ったり開いたりしていたのに、そのうちの一本だけを伸ばし、後の四本は曲げる、という運動ができるようになり、さらにその一本をある方向へ向ける、という複雑な運動を実現しているのです。

†運動には意識されない心理過程が共存している

ここで難しい問題が、出てきます。

避けて通ってしまってもよいのですが、ちょっと卑怯な気がしますので、取り上げます。それは、意志（心理過程）はどうして運動（神経過程）を制御できるのか、という問題です。二つの過程は因果関係にはないと言った以上（第一章参照）、わたしとしても、なんらかの落とし前をつける責任があります。

われわれは誰でも「人指し指を立てよう」と思うと、人差し指を立てることができます。なんの困難もありません。「舌を出そう」と思えば、舌を出せます。お茶の子さいさいです。つまり、思え（心理過程）ば、たちまち運動（神経過程）が実現します。

この心理過程と神経過程の関係がどうなっているのかがよく分からない、難しい問題なのです。

と言うのも、われわれは、こうした意図的な運動を意識することができないのです。少し細かい話になりますが、われわれが意識するのは、起こってしまった運動です。心像の項で、運動覚心像というのを紹介しましたが、あれです。関節や筋や腱には感覚受容器が備わっており、このおかげでわれわれは運動を感じることができます。あ、動いた、あ、止まった、あ、曲がった、あ、伸びたと感じることができます。しかし、これは運動の結果なんですね。運動そのもの、遂行途中の運動過程は意識されないのです。

アメリカの心理学者、ウイリアム・ジェームズはさすがに、この問題を取り上げていますが、その答えはあっさりしたもので、「意識（ここでは動かそうという思い）は本来衝動的なものである」とか、「感情や思いは運動と直結している」などと言っています。

しかし、ジャクソンは違いました。この問題を解いてみせています。彼は、運動（神経過程）には意識されない心理過程が共存していると考えたのです。わたしはこの考えに賛成です。

運動に心理過程が共存していることの証拠の一つとして、ジャクソンが挙げたのは、語（本書でいう語心像）の働きです。

言葉の基本単位である「語」のこころの中での仕組みを考えてみますと、語には、すでに述べたように、一定の音韻経験（聴覚心像。記号として働く）と一定の心理経験（感情や心像）という二つの心理過程が区別できます。そしてこの二つが結びついて一つの語心像が作り出されています。

語心像の説明の時には触れませんでしたが、語心像には、この二つの心理過程に加えて、さらに運動（神経過程）が結びついています。たとえ発音しなくても、語心像には、必ず発音運動が随伴しています。実際に発音しようとしまいと、発音運動は語心像の属性です。語というのは、思い（心理過程）であり、同時に運動（神経過程）なのです。

このことをジャクソンは次のように説明しています。

「語は精神的なもので、精神活動に欠かせないものである。そして、この精神的なものは、構音筋の運動と共存している。もっと正確に言うと、構音筋の運動を実現する神経過程と共存している」

語がこころに浮かぶ時は、たとえ潜在的なものであるにせよ、同時に発音運動が起こっているのです。二つの現象は同時に起きていて、語が原因で、神経過程が結果ということではありません。

非言語性の運動であっても、原理は同じだ、とジャクソンは言います。発音以外の運動にも、常に心理過程が共存している、というのです。ただこの心理過程は意識されません。

ジャクソンは、現実の空間で起きるからだの動きを「運動」と呼び、この「運動」に共存して心理空間で起きる運動（意識されない心理経験）を「アクション」と呼んで厳密に区別しました。

たとえば、今、わたしが右手を開いたとします。この運動遂行過程をわたしは意識しません。意識できるのは、右手指の関節からの感覚とそれに伴う身体像（心像）の変化の経験で、右手の開きに伴う運動遂行過程そのものではありません。この「意識されない運動遂行過程」にも心理現象が共存している、と考えるわけです。これがジャクソンの言う「アクション」です。どんな神経過程にも心理現象が共存しているという原理に基づけば、こうした心理過程の存在を想定しないほうがむしろ不自然なのかもしれません。

ただ、厄介なことに action は、当時の英語でも、現代の英語でも、日本語化しているアクションでも、実際の行動や動作を意味しています。ですから、この action を、今更ジャクソンのいう特殊な意味（運動に共存する心理過程）に用いるのはちょっと無理があります。では、どう表現すればよいのか、いろいろ悩みましたが、なかなかうまいアイデアが浮かびません。仕方がないので、苦肉の策として「アクション（心理過程）」と表記することにしました。ややこしい表現ですが、ご容赦願います。

ジャクソンは、身体運動には必ずアクション（心理過程）が共存していることの証拠の一つに、語のほかに、幻肢という現象を挙げています。

幻肢体験では、たとえば、腕を切り落とされた人が、腕が無くなっているにも関わらず、自分の腕があって、その手を動かすことができると感じます。その手で物をつまんだり、誰かの手の指のかたちを模倣したりできると思っています。このまぼろしの動きは、決してまぼろしなどというものではなく、アクション（心理過程）なのです。アクションだけが空回りしているのです。

実際には腕は無く、運動は起こりようもないのですが、腕への神経を除けば、神経過程の全体は支障なく働いているわけですから、この全体的神経過程の活動に共存して、アクション（心理過程）が立ち上がっているはず、と考えるのです。アクション（心理過程）は実際に運動過程が進行している場合には決して意識されないのですが、切断肢のように運動が実現され得ない状況では、意識されることがあるのではないかと考えられます。

†意志が「こころの力」を制御する

なぜ、アクション（心理過程）などという、読者には耳慣れない概念を持ち出したかと言いますと、意志の働きを考えるのに、アクション（心理過程）仮説が欠かせないからです。すなわち、意志（心理過程）のもっとも重要な働きはアクション（心理過程）を抑えることだと考えられます。意志は運動を制御するのではなく、アクション（心理過程）を制御します。

たとえば、こどもが知らない人が差し出したチョコレートに手を伸ばそうとして、知らない人にもらったら母親に叱られるかもしれないと思い、伸ばそうとした手を引っ込めたとします。これは、手を伸ばしてチョコレートをもらおうとしたアクション（心理過程）が抑制されたと考えられます。

何か行動を起こそうとする場合、こころには必ず、「する」か「しない」か、「やる」か「やらないか」という、二つの思い（目的心像）が同時に立ち上がり、そのどちらもが意識されます。その上、「する」意識にも、「しない」意識にも、必ず意識されない心理過程である「する」アクション（心理過程）と「しない」アクション（心理過程）が同時に立ち上がっています。行為（意図的な運動）は常に一つですから、二つのアクション（心理過程）のうち、どちらかが選択されない限り、アクション（心理過程）に共存する運動過程は始まりません。この、二つの思いのうち、一つを選択する働き、それが意志です。

先に引用したブラウンは、運動遂行過程にはアクションという潜在性の心理過程が常に随伴している、というジャクソンの考えを全面的に採用しています。ただし、アクション（心理過程）に関して、ジャクソンのアイデアを採用したとは、彼の著作のどこにも言及がありませんから、この言い方は間違っているかもしれません。彼が独自に思いついたのかもしれません。

ブラウンは、ジャクソンと同じように、アクション（心理過程）を運動と区別しています。そしてアクションは、心理過程ではあるが、意識されない心理過程であることも、ちゃんと抑えています。ただブラウンの考えでは、アクション（心理過程）の内容は意識されませんが、アクション（心理過程）が進行しつつあるという感情は経験されると言っています。進行の感情とは、努力感、あるいは緊張感のようなものです。

彼は書いています。

「意志は感情である。可能なアクション（心理過程）候補の中から一つのアクション（心理過程）を選択し、それを実行する。（自分は）その実行者である、という感情である」

また、

「意志は目的への方向性を意識することだけではない。意志には決断の要素がある。同時に、アクション（心理過程）を抑えることもできるという感情もある」とも書いています。

しかし意志は感情なのでしょうか。わたしにはそうは思えません。アクション（心理過程）を抑えるのは感情ではなくて力です。ただ、力と言っても、物理的な力ではありません。こころの力です。アクション（心理過程）を維持するのもこころの力です。このこころの力は感情のカテゴリーに入りきらない心理現象です。

この文を書いている時も、自分の考えに集中しようと努力すると、しばらく一定の考えを維持できますが、ただ書いていると、そのうち何を書いているのかあいまいになってきます。この、集中しようとするこころの働きが意志ですね。集中しようとするこころの働きは努力感（感情）などではなくて、努力そのもの、つまりこころの力そのものです。

気力とか集中力とか意志力など、意志を表現するのによく「力」が使われますが、決して比喩的な表現ではなく、実際に、いのちやこころはある推進力を秘めているのです。意志がこの力を制御します（図2参照）。

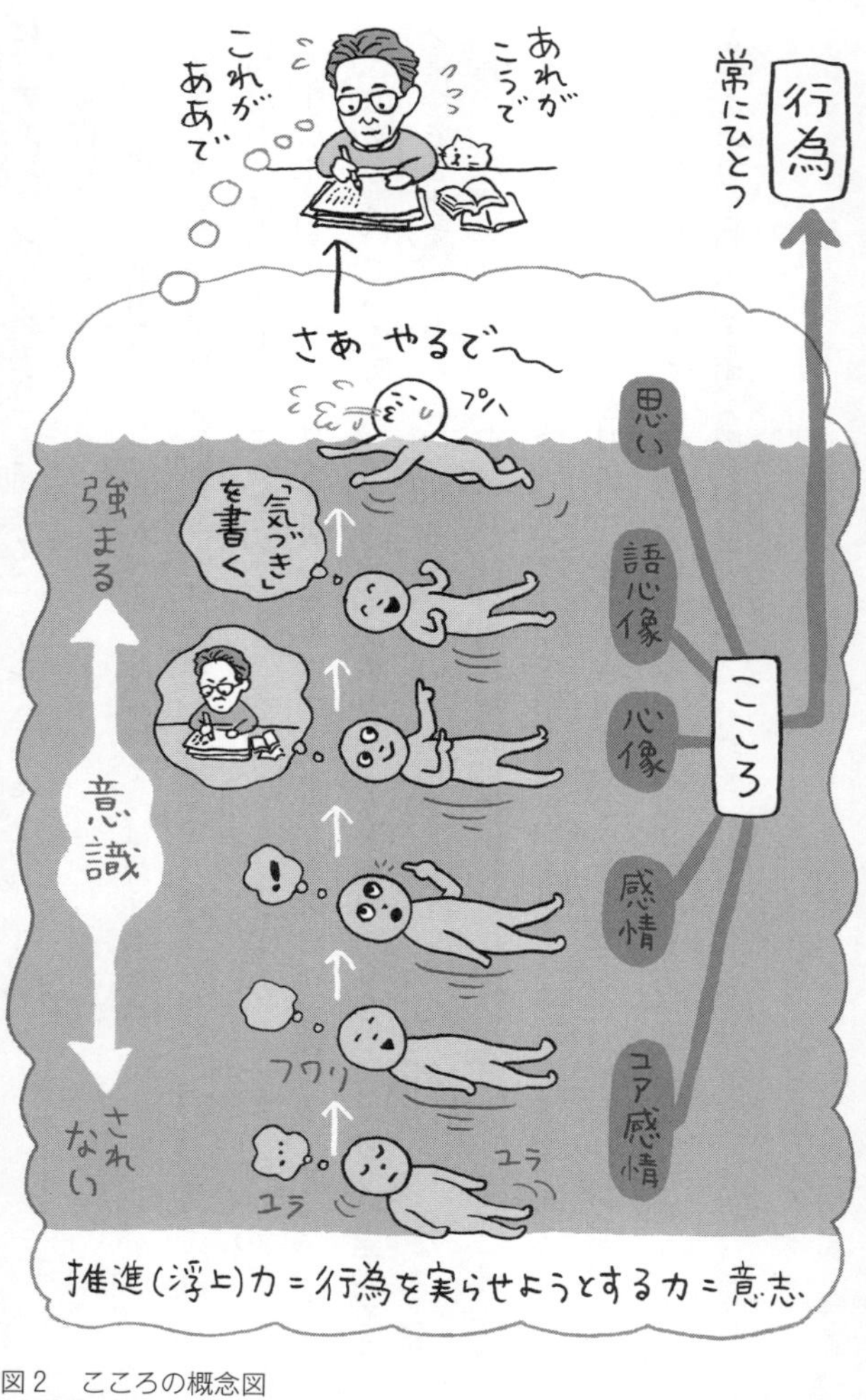

図2　こころの概念図
コア感情（意識されない経験）から、感情が生まれ、心像が生まれ、思いが生まれる。思いを操って1つの行為が実現される。こころ全体に方向性を与え、行為に結実させるのが意志。

第三章

少しだけ神経系の話

†すべてはニューロンのつながり

ところで、こころ創発の基盤である神経系は、いったいどのような仕組みになっているのでしょうか？

われわれは植物と違って動物ですから、必要な栄養物（食物）を自ら獲得しなければ飢えて死んでしまいます。飢えて死なないためには、外の世界（自分の周囲の物理的・生物学的環境）を動き回らなければなりません。動き回るためには、外の世界を知り、その変化に対応しなければなりません。

そのために進化してきたのが神経系です。神経系はからだ中に内部世界（自分のからだ）と外部世界（環境）の変化を捉えるためのセンサーを張り巡らしています。自分のからだの状態を知るためのセンサーは、胃腸や肝臓などの消化器官、心臓や動脈・静脈などの血液循環器官、肺や気管などの呼吸器官、腎臓や膀胱などの血液濾過器官、女性だと子宮や卵巣、男性だと前立腺や睾丸などの生殖器官、あるいは甲状腺や副腎などの内分泌器官など、さまざまな臓器に備わっています。さらに、自分のからだの動きを知るための運動覚受容器（関節と骨格筋）もあります。あるいは骨格筋には、自身の伸びを感知する特殊な受容器が備わっています。

環境の変化を知るためには、視覚受容器（眼）、聴覚受容器（耳）、触覚受容器（皮膚）、嗅覚受容器（鼻）、あるいは味覚受容器（舌）などが備えられています。

これらのセンサーはすべて神経細胞につながっています。神経細胞はからだを構成する細胞の一種ですが、ほかの体細胞と違って、形が特殊で機能も特殊なので、特別扱いでニューロンと呼ばれます（図3参照）。センサーが変化を検知すると、センサーにつながっているニューロン（感覚ニューロン、あるいは求心ニューロンと言います）がインパルス（神経衝撃）を発生します。

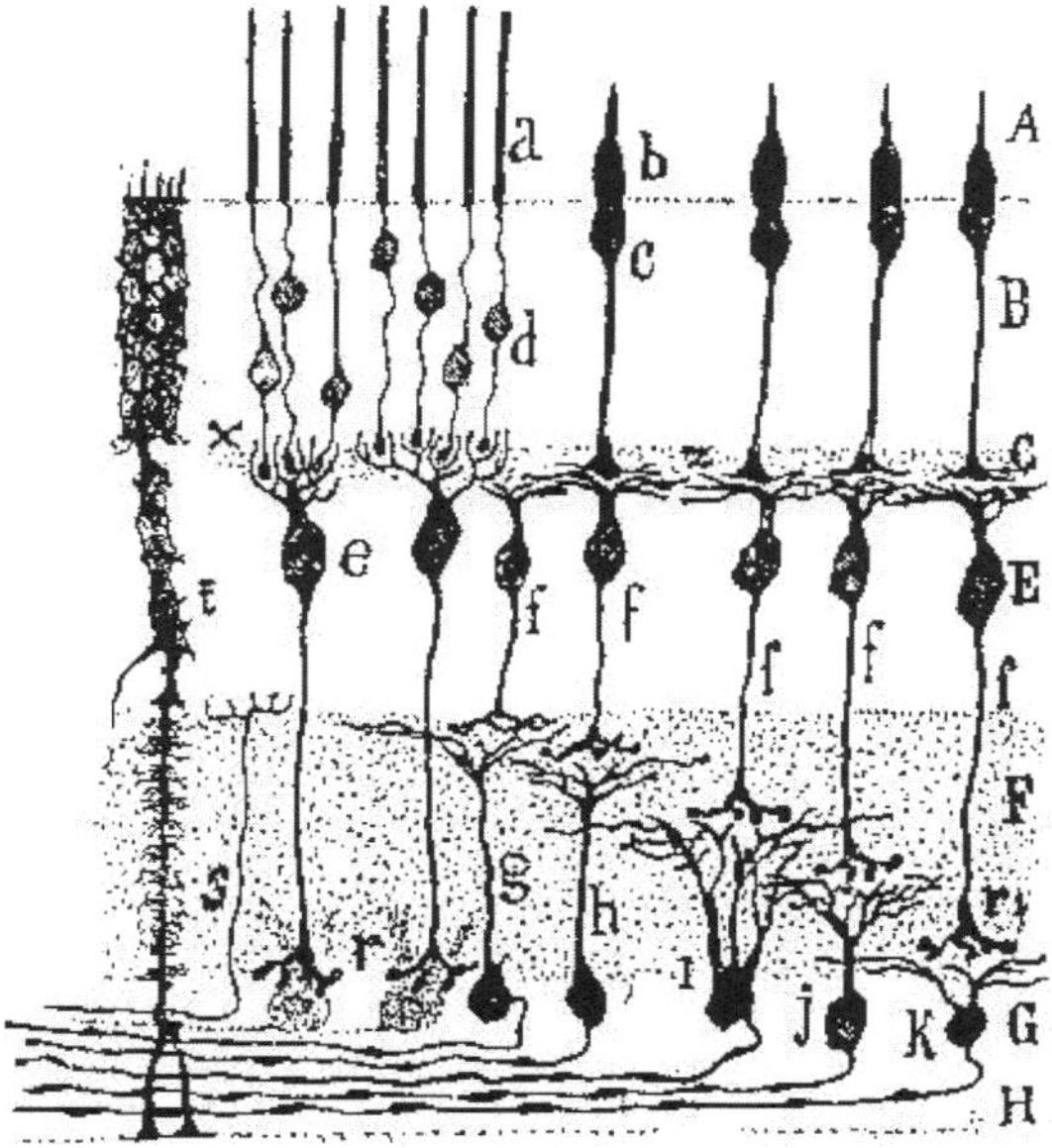

図3　さまざまな形をしたニューロン
この図は、ニューロンの形態的独立性を確立したスペインの神経科学者、ラモン・イ・カハール（1852-1934）が描いた図の一つ（1894年の著書から引用)。哺乳類の網膜の構造がスケッチされている。詳細は省略するが、ａはロッド（杵状体)、ｂはコーン（錐状体）と呼ばれる光の受容細胞で、ｅとｆは感覚ニューロン。ｇ、ｈ、ｉ、ｊ、ｋはその感覚ニューロンに接続するニューロン。このニューロンの長い軸索は間脳と呼ばれる大脳領域まで伸びている。

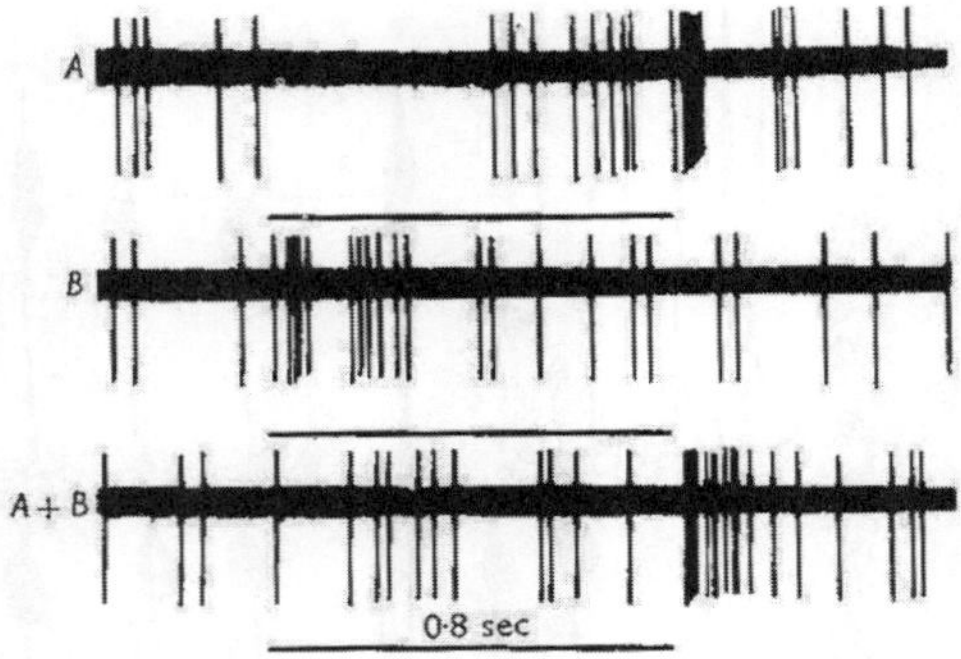

図4　ニューロンでのインパルス発生の例
網膜の感覚ニューロンの例。縦線の1つ1つがニューロンが発生するインパルス。1つのニューロンが入力に応じてさまざまなインパルス系列を発生する。3段とも同じニューロン。A、B、A+Bは、刺激条件の違い。下線の幅は0.8秒。(Ruch-Patton-Woodbury-Towe: Neurophysiology, W.B.Saunders, 1965, から引用)。

インパルスとは、ニューロンの中で発生する、小さな、そして局所的な電位変化のことです（図4参照）。発生したインパルスはニューロンの中を移動してニューロンの中心部に達し、さらにそこからニューロンの先端へと進みます（ニューロンの先端とはあいまいな言い方ですが、とりあえずインパルスの進行方向を先としておきます）。感覚ニューロンの先端は中枢神経系のニューロンに接続します。

中枢神経系とは、頭蓋腔とそれに接続する脊柱管腔に納まっている厖大な数のニューロン群が作り上げているニューロンの網目（ネットワーク）のことです。肉眼レベルでは、頭蓋腔に納まっている部分は大脳、間脳、中脳、橋、小脳、および延髄に分けられ、脊柱管腔に納まっている部分はまとめて脊髄と呼ばれます。中脳、橋、小脳、および延髄はこれまたまとめて脳幹と呼ばれます。これらをひっくるめて本書では「脳脊髄」と呼ぶことにします。「脳」と呼んでもよいのですが（一般的にはそう呼ばれますし、実はわたしもずっとそうしてきました）あまり正確とは言えません。脳脊髄を「脳」一語で代表させてしまいますと、当然のことながら、あちこちでお目にかかる「脳の図」を連想してしまいます。丸くて、二つの半球に分かれていて、表面がしわしわの臓器ですね。しかし、この図は中枢神経系のシンボルにすぎません。実際にはこのような独立の「脳」は存在しないのです。脳は組織的にも機能的にも脳脊髄の一部に過ぎません（図5参照）。

脳脊髄へ達した求心ニューロンは、持ち込んだインパルスを中枢神経系のニューロンに伝えます。インパルスを受け取ったニューロン（中枢性ニューロン）は、自ら新しいインパルスを発生し、このインパルスを中枢神経系内に広がるニューロン・ネットワークに乗せます。ネットワークに乗ったインパルスは、ネットワークをめぐりますが、最終的には運動ニューロン（遠心ニューロン）に達します。運動ニューロンは脳幹・脊髄から身体各部に伸びていて、インパルスを効果器（骨格筋だとか、消化管壁の筋細胞など）に伝えます。

ですから、神経過程の基本は、センサー（感覚器）→求心ニューロン→中枢性ニューロン・ネットワーク→遠心ニューロン→筋組織（運動器）というインパルスの流れにあります（図6参照）。脳脊髄を占める中枢性ニューロン群は、すべて介在ニューロン、つまり求心ニューロンと遠心ニューロンの間に挟まっているニューロンです。中枢神経系とは、

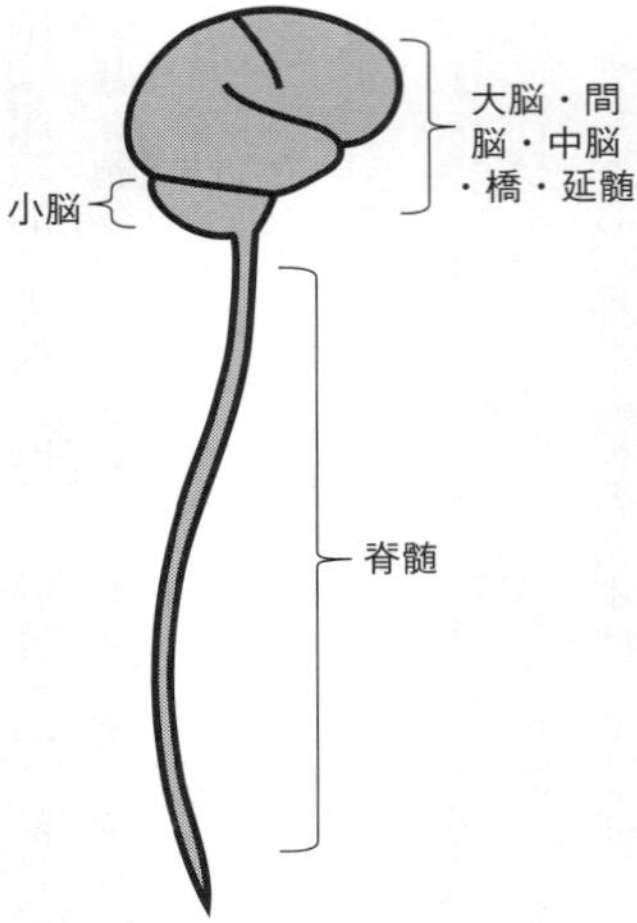

図5　ヒト脳脊髄の図
脳から脊髄までが１つの臓器。（Kahle/Leonhardt/Platzer: 越智淳三訳『人体解剖図説 III』p5 、図Aをもとにして作成）

この介在ニューロンの複雑な網目のことです。網目は脊髄、延髄、橋、小脳、中脳、間脳、大脳と、下から上へ、あるいは生物学の用語ですと、尾側から頭側へ上昇するに従ってその複雑さを増しています。大脳の最表層に位置する大脳皮質において、ニューロンの数は最大となり、網目の複雑さも最大となります。しかし、いくらニューロン・ネットワークが複雑さを増しても、その最終出力が運動ニューロンであり、その最終的な効果が支配先の筋細胞の収縮である、という原則は変わりません。神経系の働きの基本はあくまで感覚を運動に変えることです。

焼き芋
傷んでた
聞こえる
感覚器
が感じた
何か
を
求心ニューロン
が
伝えてきまーす!!
何か
ハイッ
何か
中枢神経系ニューロン群
に伝え、
何?
頼むワ
任せろぃ
何か
遠心ニューロン
から伝わった
何か
で
運動器
が
行動を起こす
あっちゃっ
熱すぎ
吐き出す
傾聴

図6　神経系の構成原理

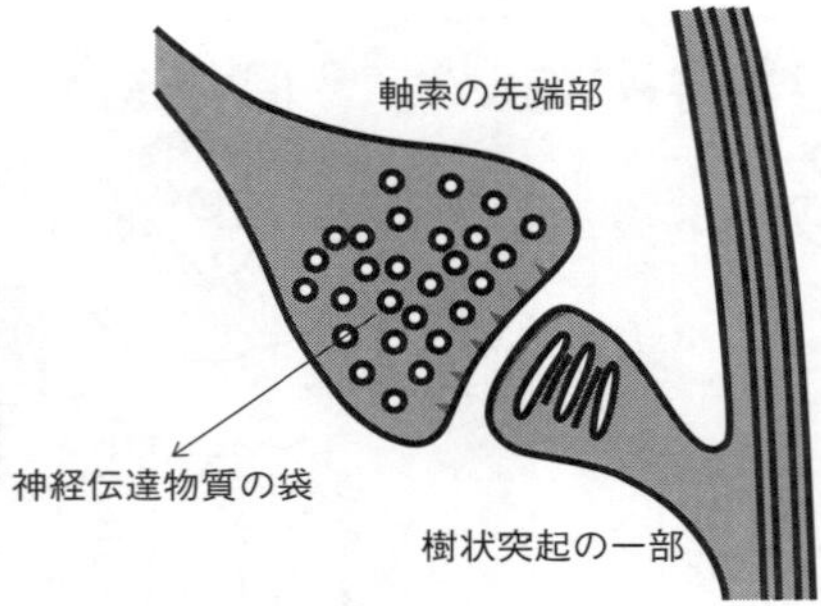

図7　シナプスの模式
左の軸索先端部には神経伝達物質が蓄えられている。樹状突起の先端には軸索先端から放出される神経伝達物質を受け取る構造がある。軸索面と樹状突起面の間は不連続。

†インパルスはどうやって受け渡されているのか

ネットワークを構成するニューロンは、その役割の違いに対応してさまざまな形態をとっています。中でも多いのは、細く長いタイプです。細長い構造の一方には樹状突起と呼ばれるたくさんの突起があり、他方には軸索と呼ばれる長い突起があります。樹状突起の側でインパルスが発生し、細胞内を軸索の先端へと移動します。ニューロンとニューロンの繋ぎ目には隙間があり、インパルスはそのまま次のニューロンへ移動することはできません。この繋ぎ目をシナプスと呼びます（図7参照）。

インパルスはどうやってこの隙間を超えるのでしょうか？

インパルスはニューロン内に生じる電位の変化で

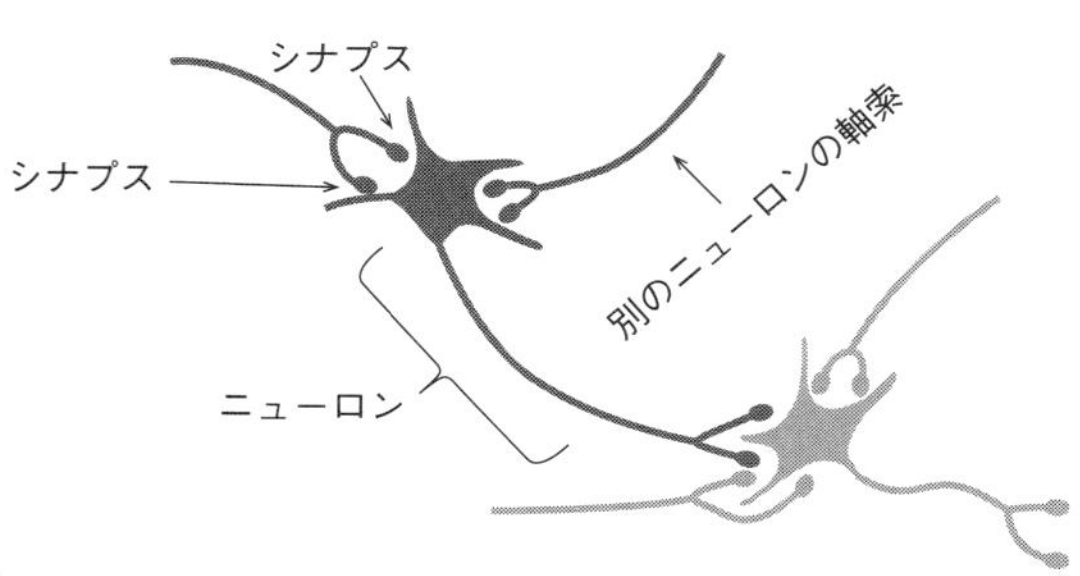

図8　ニューロンとニューロンのつながりの模式
すべてのニューロンはシナプスでつながり、複雑なネットワークを作っている。この図では6本のニューロンのつながりを模式的に示している。

すから、細胞膜を超えることはできません。インパルスのシナプス超えは、特殊な化学物質（神経伝達物質と呼ばれます）によって実現されています。インパルスの送り手ニューロンの軸索先端には、神経伝達物質が貯まっている袋があって、インパルスが到達すると、この袋が開き、神経伝達物質をシナプス空間へ放出します。放出された伝達物質はシナプス空間を渡って、受け手ニューロンの樹状突起に取りつきます。伝達物質に取りつかれた突起部は、細胞膜の一部を開いて伝達物質を細胞内に取り込みます。すると、この部分で新しくインパルスが発生し、ニューロン中心部を通って、軸索先端へと進んでいきます（図8参照）。

このようにインパルスは電気伝導（インパルスの細胞内移動）と化学伝達（化学物質の細胞間移動）を組み合わせてニューロンからニューロンへと伝わっていきます。

ニューロン間のインパルスの受け渡しには二つのタイプがあります。インパルスを受けたニューロンが、自分もインパルスを発生するタイプと、インパルスを受けたニューロンがインパルスを発生しないやり方です。受け手のニューロンにインパルスを発生させるニューロンは興奮性ニューロンと呼ばれ、受け手のニューロンのインパルス発生を抑えるニューロンは抑制性ニューロンと呼ばれています。

インパルス発生のパターンからもいくつかの種類が区別できます。たとえば、持続的に一定の間隔でインパルスを産生するニューロンとか、必要な時だけインパルスを連発するニューロンとか、必要な時だけインパルス産生を止めるニューロンなどが知られています。

神経系全体の働きを考えますと、その基本機能は、先に述べたように感覚を運動に変換することですが、中枢神経系の構成要素である介在ニューロンに限りますと、その機能は神経伝達物質を受け取ってインパルスを発生し、このインパルスを細胞内で移動させ、最後に神経伝達物質を放出することです。すなわち神経伝達物質の取り込みが入力で、神経伝達物質の放出が出力です。

ニューロンの構造は実によく研究されています。たとえば、一つのニューロンには、多い場合、なんと一万個に近いシナプスがあることが分かっています。一つ一つのニューロンからしますと、このシナプスには神経伝達物質を受け取るためのものと、神経伝達物質を放出するためのものがあります。樹状突起にあるシナプスは受け取り用で、軸索先端にあるものは放出用です。

シナプスを渡る神経伝達物質も一つではありません。よく知られているのは、ドパミンやアセチルコリンですが、ほかにもグルタメートだとか、アドレナリンだとか、ノルアドレナリンだとか、ソマトスタチンだとか、実に五〇種類以上もの神経伝達物質が知られています。伝達物質が違うシナプスを持つニューロン・ネットワークはその働きの性質が違っている可能性があります。

中枢神経系を構成するニューロンの総数は一〇〇〇億に近いと言われ、それらがすべて、直接、間接に、ものすごい数の接触点でつながっているわけですから、その複雑さは想像を絶します。この複雑なニューロン・ネットワークの上を、数知れない神経インパルスが同時に、しかも休みなく移動しています。

†神経系の原理的構造

この無数のインパルスが作り出す電場の変化は、ニューロンの外、つまり大脳の表面、場合によっては頭蓋骨を隔てて頭皮からでも拾い出すことができます。脳波と呼ばれる現象です。でも、これは細胞内電位変化を、細胞外で、それもまとめて拾い出すわけですから、かなり荒っぽい情報です。

ニューロンは他の体細胞と同じように生命体の一部ですから、常に新陳代謝を行っています。たとえば、ＰＥＴ（positron emission tomography 陽電子放出性断層画像）という装置を使うと、脳のブドウ糖代謝の活発な部位を拾い出すことができ、ｆＭＲＩ（functional magnetic resonance imaging 機能的核磁気共鳴画像）という装置を使うと、脳内で酸素消費量の増えた場所を知ることができます。

しかし、このような情報はあくまで間接的なものです。神経系の機能を知るためには、ニューロン・ネットワークそのものの原理的な構造に迫る必要があります。

その点で、ポール・ヤコブレフというアメリカの発生神経解剖学者の理論はとても魅力的です。

彼によれば、中枢神経系は最内層神経系、中間層神経系、および最外層神経系の三つの層から成り立っています（図９参照）。

中枢神経系は個体発生の初め、一本の管のような形（神経軸と呼ばれます）をしていま

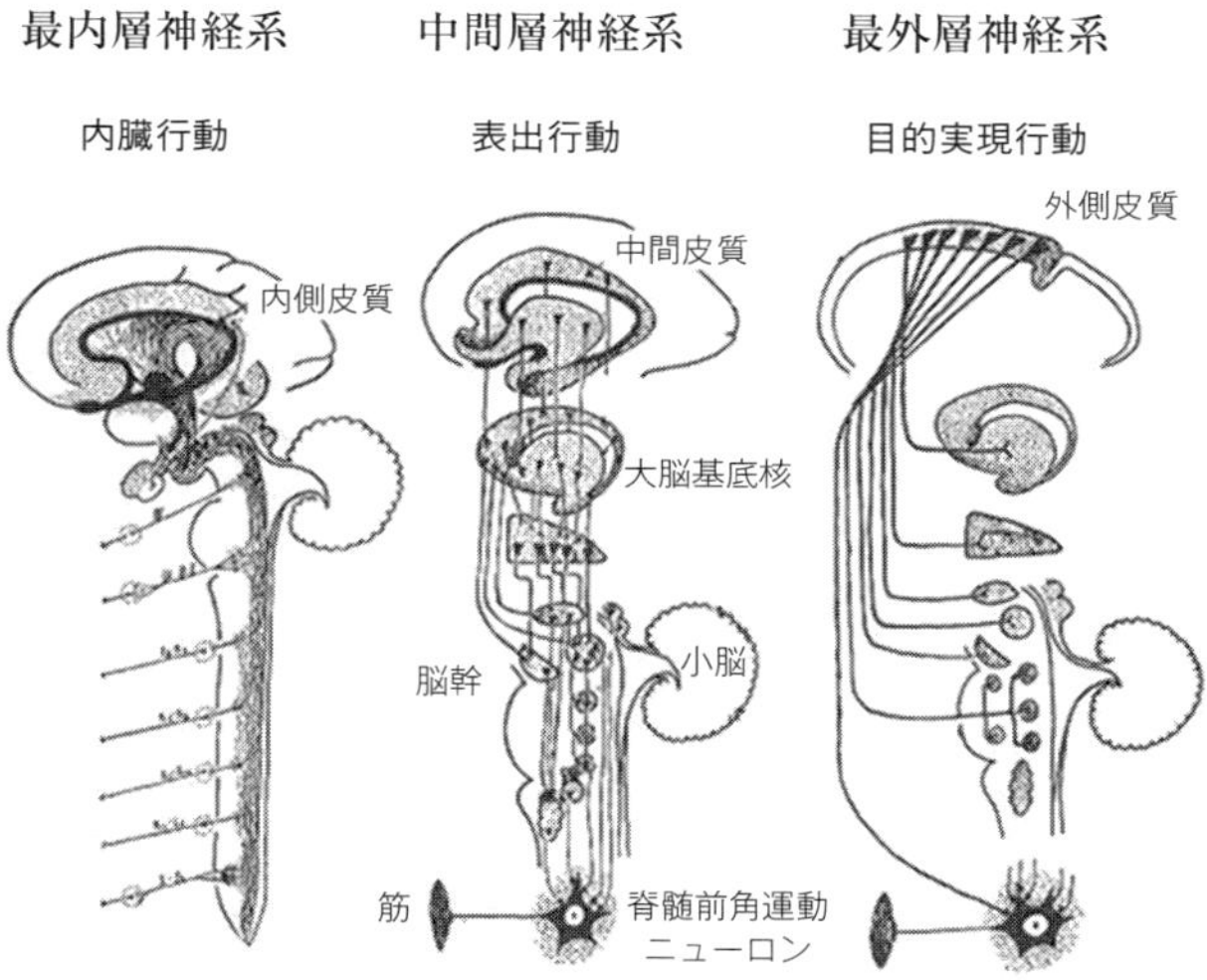

図９　ヤコブレフの神経回路理論
左端が最内層系のネットワーク。大脳から脊髄までが１つの全体として表されている。中央が中間層系のネットワーク。大脳から脳幹までを中心に描いてある。脊髄はニューロン１つで代表してある。右端が最外層系のネットワーク。やはり大脳から脳幹までを中心に描いてある。分離した個別のニューロン・ネットワークなどというものはない。３層が重なって中枢神経系を構成。（Paul I. Yakovlev: Motility, Behavior and the Brain. Journal of Nervous and Mental Disease, 107:313–335, 1948, Fig.3）

すが、発生が進むにつれて、どんどん成長し、脳脊髄の形が整えられていきます。

すなわち、神経軸は外側へ向かって、どんどんニューロンを増やしていきます。初期のニューロンは神経軸のどこにあっても、ほぼ均一の構造をしていますが、発生が進むと、それぞれの細胞に役割の違いが生じ、それに応じて、形態も少しずつ違ってきます。

最内層神経系のニューロンは、神経軸の管腔を取り巻いています。この系のほとんどのニューロンの軸索には、髄鞘（軸索に別の細胞が巻きついて作る鞘のような構造体）がありません。髄鞘は電気伝導に際して絶縁体として働きますから、髄鞘のない神経軸索を通るインパルスは、髄鞘のある軸索に比べ、周りに電気が漏れやすく、伝導速度が遅く、インパルス電位も小さいのが特徴です。

また、この系のニューロン・ネットワークは、隣同士のニューロンがとりとめなく、無差別につながっていて、ヤコブレフのたとえによれば、あたかもフェルトのようになっています。神経軸の先端部（頭部）は大脳皮質になります。この系が作り出す大脳皮質部分を、ヤコブレフは内側皮質と呼んでいます。内側皮質を頂点とする最内層神経系は、内臓全体の動きを調節し、個体の安定した内部環境を維持します。

最内層神経系が実現する、内臓全体の調和的な活動をヤコブレフは内臓行動viscerationと呼んでいます。彼の造語なので、なかなか訳しにくいのですが、全内臓の秩序ある動きを、潜在的な個体行動と捉えるのです。常識的にわれわれが考える行動ではなく、外には表れない行動です。このような潜在的行動があって初めて、次の段階の行動、つまり姿勢変化だとか、発声などという、外に表れる（外部から観察できる）行動が可能になります。

わたしは、ヤコブレフを一歩進めて、この内臓行動（神経過程）に共存して、こころの大元となるコア感情（心理過程）が創発するのだろう、と考えています。意識されない感情です（第二章参照）。この意識以前のコア感情を土台に、「あ、俺は生きている」、あるいは「あ、俺は眠っていた」などという、あるかなきかの自分の「生の営み」を自分が感じる（意識する）ことが可能になります。しかし、こころがその段階に達するには、もう一段高い水準の神経系の働きが必要です。

潜在的行動を「見える化」する

中間層神経系は最内層神経系を取り巻くニューロン・ネットワークです。この系には、最内層神経系と同じように、軸索同士がフェルト状の網目を作っている部分も見られますが、それに加えて、もっと長い軸索や長い樹状突起を持つ新しいタイプのニューロンが集団を作っています。このような細胞集団を神経核と呼びます。そして神経核から延びる軸索の集まりを神経束と呼びます。中間層神経系では、神経核や神経束が脳脊髄内で大きな場所を占めています。

この系の大脳皮質部分をヤコブレフは中間皮質と呼んでいます。この呼び方はあまり普及せず、一般的な解剖学書では、ヤコブレフの言う内側皮質と中間皮質は、まとめて大脳辺縁葉と呼ばれています。

中間皮質ニューロンの軸索は、皮質を出ると、すぐ下位にある神経核へ達し、ここで別のニューロンとシナプスし（シナプスでつながることをこう言います）、このニューロンはまたその次の神経核まで軸索を伸ばし、ここでまた別のニューロンとシナプスし、このニューロンがそのまた次の神経核で別のニューロンとシナプスし、という風に、次々につながっています。ヤコブレフの比喩を借りますと、ニューロンは直列につながりながら、脳脊髄を降りて行き、最終的に脳幹・脊髄にある運動核（遠心ニューロン細胞体の集まり）に達します。中継する核ごとに、最内層神経系のフェルトタイプのニューロン群ともシナプスしますから、インパルスは何重にも重なり合い、何重にも周回しつつ、運動ニューロンへ達することになります。

この系の機能は、潜在性の行動（内臓行動）を実際の行動に変えることです。つまりまとまりある内臓活動を、姿勢（からだのかまえ）や姿態（動作時のからだつき）などと呼ばれるからだの動きに変えることです。姿勢や姿態は、主に体軸に近い骨格筋すなわち脊柱や胸郭や腹腔を支える筋によって担われています。顔面筋や、肩や腰などの筋群も参加します。この系は、これらの筋群の動きを統合し、眠りの姿態、覚醒の姿態、伏せった姿態、仰向けの姿態、座った姿態、しゃがんだ姿態など、さまざまな姿勢や姿態を実現します。うなり声や叫び声などの発声も体軸筋の活動です。このようなからだ全体の運動をヤコブレフは表出行動 expression と名付けています。

最内層神経系が潜在的な行動を制御し、中間層神経系はその潜在的行動を、今はやりの表現を借りるならば、「見える化」していると考えられます。ヤコブレフの言う表出行動は、一般的には情動運動と呼ばれています。

ここから先はわたしの考えで、ヤコブレフ先生に責任はありませんが、この中間層神経系が実現する情動運動（神経過程）に共存して、情動性感情（心理過程）が創発します。情動性感情が中間層神経系の活動に共存していることについては、多くの証拠があります。

たとえば、てんかん発作の中に、複雑部分発作とか側頭葉発作とか呼ばれるタイプがあります。この発作はまた辺縁系発作とも呼ばれます。大脳辺縁葉を中核とする神経ネットワークを一つの機能系とみなして、大脳辺縁系とまとめることがありますが、この大脳辺縁系の異常興奮がこのタイプの発作を引き起こすと考えられています。辺縁系発作では、突然、意識がぼんやりしたり、動作が止まったり、不自然な自動的行動が始まったりします。この時、本人はさまざまな情動性感情を経験しています。

アメリカの神経内科医、ロバート・フェルドマンのまとめによりますと、恐怖感、快感、不快感、抑うつ感、憤怒、怒り、いらだち、高揚感、恍惚感、性欲亢進などが経験されます。最内層神経過程に共存するコア感情は意識されませんが、中間層神経過程に共存する情動性感情は意識されます。感情の動きが激しく、その程度も強いために、意識されやすくなるのです。

†最外層系が行為を生み出す

ヤコブレフの言う三層構造の最後は最外層神経系です。この系は中間層神経系のさらに外側を取り巻いています。この系の大脳皮質部分は最内層系や中間層系の皮質よりはるかによく発達しています。彼は外側皮質と呼んでいます。一般的には大脳新皮質と呼ばれます。外側皮質の中央部分には、目立って大きいニューロンを含む運動野と呼ばれる領域が広がっています。中間皮質のニューロンが発生するインパルスは、神経核ごとにニューロンを換えながら、脳脊髄を下降していきますが、外側皮質運動野を出るニューロンは、そのような面倒な経路をとらず、直接、脳幹・脊髄の運動核まで軸索を伸ばし、運動ニューロンへインパルスを届けます。

じゃあ、中間層神経系の中継核には外側皮質からのインパルスは来なくなってしまうのかと言いますと、そんなことはありません。これらの中継核へは、外側皮質を出る別のニューロンがそれぞれの中継核に直接軸索を伸ばしています。ですから、四肢の筋群を支配する運動ニューロンは、最内層系からのインパルス、さらに、中間層神経系からのインパルス、そして、大脳新皮質からのインパルスをまとめて受け取っていることになります。

この最外層神経系が意図的な行為を可能にします。この系のお蔭で、たとえば、手を使って道具を作るとか、その道具を使ってさらに何かを作るなど、外界に存在する材料を利用して、今まで存在しなかった物理的事物（モノ）を作り出すことができるようになりました。ヤコブレフはこの段階の行動を目的実現行動 effectuation と名付けています。

最内層神経系が内臓行動を実現し、中間層系が表出行動を実現し、最外層系が目的を達成する、というのがヤコブレフ理論です。

これをこころに当てはめますと、最内層系の神経過程に共存してコア感情が経験され、最内層系と中間層系の統合的神経過程に共存して情動性感情や感覚性感情が経験され、最内層系と中間層系と最外層系の統合活動に共存して心像や思いや意志が立ち上がる、というおおまかな仮説がたてられます。

意志の自由な実現が可能なのは、外側皮質運動野のニューロンが、脳幹・脊髄の運動核へ直接、その軸索を伸ばしているからです。情動運動においては、全身の筋群が同時に活動します。そのためのネットワークが中間層神経系なのですが、意志的な行為を実行するためには、運動を特定の筋群に集中させる必要があります。そのためには、特定の筋群だけを直接的に支配する神経路が必要だったのです。

†ヒトに特徴的な連合野

ただ残念ながら、ヤコブレフ理論では、外部世界の心像化という、こころのもっとも重要な働き（第二章参照）が、どのような神経過程から創発するのかが見えてきません。この点については、アメリカの神経内科医ノーマン・ゲシュヴィントの理論が示唆に富んでいます。大脳新皮質（ヤコブレフの外側皮質）の構造は、細胞数が多いだけにとても複雑ですが、ゲシュヴィントによると、その原理は次のようなものです。

すなわち、大脳新皮質という、中枢神経系の最高位にあるニューロン群は、身体各部の感覚受容器から脳幹・脊髄を経由して入ってきた神経入力（インパルス）を受け取る領域（感覚野と言います）と、この情報を処理して運動性の神経出力に変換する領域（運動野と言います）と、この二つの領域の中間に挟まっている領域（仮に中間野と呼んでおきます。わたしの勝手な造語です）から成っています。

ですから大脳新皮質でのインパルスの流れは、ごく大まかに感覚野→中間野→運動野、ということになります。

大脳新皮質の感覚受容野は、複数の領域からなり、ニューロンのつながりの数を目安にして、一次領域（大脳感覚野を発する最初のニューロン群の存在する領域）、二次領域（一度シナプスを換えたニューロン群が集まっている領域）、三次領域（二度シナプスを換えたニューロン群が集まっている領域）などと呼ばれます。一次領域を感覚野、二次領域や三次領域をまとめて感覚連合野とも呼びます。運動野は最外層神経系では大脳前頭葉にありますが、中間層神経系では中間皮質、すなわち大脳辺縁葉にあります。

ゲシュヴィントは、サルの大脳とヒトの大脳の違いを論じて、サルの場合は大脳辺縁葉が、なお中枢神経系の中で大きな役割を果たしているので、たとえば、大脳の視覚野を出た神経インパルスは、視覚野から、視覚連合野（どちらも後頭葉にあります）を経て、側頭葉の外下方領域（この領域がわたしの言う中間野に当たります。ゲシュヴィントは連合野と呼んでいますが、感覚連合野と混同しやすい用語なので使わないことにします）に入り、ここから大脳辺縁葉に達し、ついで視床下部（間脳に属します）に入ると主張しています。視床下部はさまざまな本能行動の中枢と考えられている領域です。

サルの場合、聴覚や触覚でも、聴覚野（側頭葉にあります）や触覚野（頭頂葉にあります）から、同じく側頭葉の外下方領域（中間野）を経由して、大脳辺縁葉に至る回路がもっとも大きな役割を果たしています。つまり、サルの神経系では、なお感覚性情報がそのまま本能的行動（情動行動）を引き起こしやすい仕組みになっています。

ヒトの場合はかなり様子が違います。ゲシュヴィントによれば、大脳辺縁葉との強い結びつきが残されている味覚と嗅覚は別として、聴覚、視覚、触覚の神経情報を受け取った大脳感覚野のニューロン群は、辺縁葉とのつながりだけでなく、別の領域とのつながりが目立つようになっています。すなわち、聴覚野を囲むように聴覚連合野、触覚野の後方に触覚連合野、それに視覚野の周囲には同心円状に視覚連合野が発達しています。この、聴覚連合野、触覚連合野、そして視覚連合野の中間にあたる頭頂葉下部領域に、サルでは目立たなかった広大な領域が出現しています。この領域には、聴覚連合野、触覚連合野、視覚連合野からのニューロンが大量に投射しています。ゲシュヴィントはこの領域を「連合野の連合野」と呼びました（図10参照）。前述の中間野とは別の新しいタイプの中間野です。

ですから、ヒトの大脳新皮質では、

感覚野→中間野（側頭葉外下部）→運動野（大脳辺縁系）

という発生的に古いニューロン・ネットワークに加えて、

感覚野→感覚連合野→中間野（頭頂葉下部）→運動野（前頭葉新皮質）

という新しいニューロン・ネットワークが出現しているのです。

もちろん、異なる感覚情報を統合する能力はサルでも十分に認められるのですが、その大部分はヒトによる訓練の結果です。ヒトの場合、異なる感覚情報の統合は訓練などによるものではなく、自発的に生じます。ゲシュヴィントは、とりわけ「連合野の連合野」における聴覚性情報とそれ以外の感覚情報の結びつきを重視し、聴覚性情報と触覚性情報、

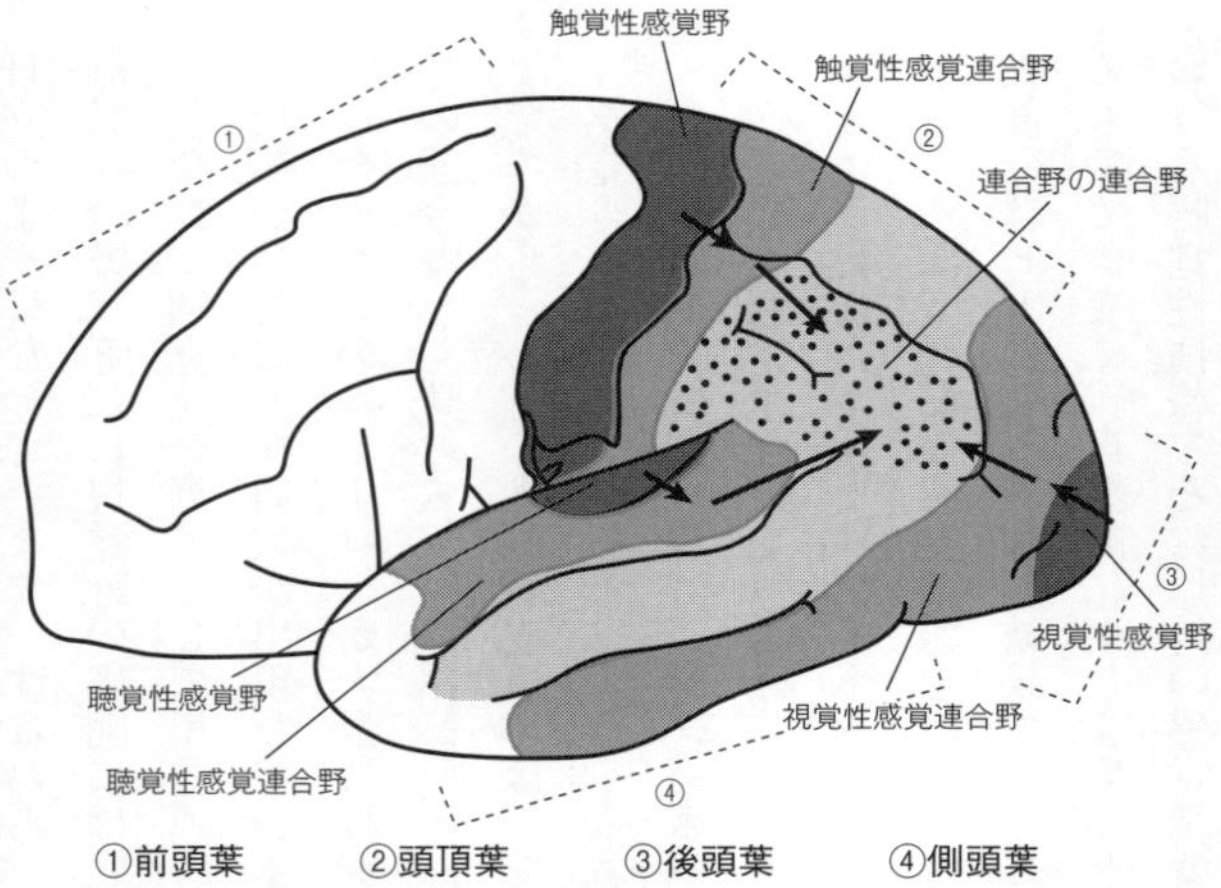

図10　ヒト大脳皮質におけるニューロンのつながりの概念図
「連合野の連合野」の位置。点を打っている部位。頭頂葉下部に相当。矢印はインパルスの流れの方向。①、②、③、④は大脳皮質のおおまかな領域名。

聴覚性情報と視覚性情報、それに聴覚性情報と聴覚性情報（つまり、音声性聴覚情報と非音声性聴覚情報）の連合が、ヒトの言語能力出現の神経的基盤を準備したのだろう、と推定しています。

このことをこころの言葉で言い換えますと、ヒト大脳新皮質における感覚連合野の拡大が感覚性心像の創発を（サルに比べて）より容易なものにし、「連合野の連合野」の出現が超感覚性心像の創発を可能にしたのではないか、と考えられます。さらに、この超感覚性心像と音韻性心像（聴覚性感覚心像）が結びつくことで、語心像の創発が可能になったのだろう、と考えられます。

第四章　記憶

†いのちの「今」、こころの「今」

われわれは「今」を生きています。今は今でも、物理的な今とはやや違って、いのちの表れであるこころが経験する「今」です。

どう違うのでしょうか?

物理的な今は、無限の過去（実はビッグバンより以前は無いのだそうですが）から無限の未来へ流れ続ける時間の、一瞬の切断点です。それ以上でもそれ以下でもありません。

いのちの「今」はどうでしょうか。

やはり、過去があり、「今」が来て、未来へ続いていきます。決して逆方向へは流れません。この点では、いのちの「今」も、物理現象の今も同じ今だと言えますが、物理現象の今が、過去から未来への通過点に過ぎないのに対し、いのちの「今」は、いのち発生以来のすべての時間を「今」に持ち越している点で、物理現象の今とは性質が違います。いのちの発生以来の長い歴史は、DNAやRNAの構造に隠されて、いのちの「今」に含まれています。いのちの「今」は、今は今でも、四〇億年のいのちの歴史を含んだ「今」なのです。

こころの「今」はさらにその特徴がはっきりしています。

こころの「今」は、いのちの歴史より遥かに短いとは言え、やはり個体の発生以後(正確には個体の神経系の発生以後)のすべての経験を「今」に持ち越しています。

物理時間の今は一時間前の今を仮定しても、一年前の今を仮定しても、同じように瞬時に経過する今です。しかし、わたしの「今」と、わたしの一時間前の「今」と、わたしの一年前の「今」はそのような、物理的通過点としての今とは様子が違います。わたしの「今」は一時間前の「今」とは、「今」を作っている時間の厚みが違います。「今」のほうが、一時間前のわたしより、一時間分、より長く生きています。一年前のわたしと「今」

のわたしですと、「今」のわたしは一年間分、一年前のわたしより、より長く生きています。

　こころの「今」は通過点ではなく、到達点であり、同時に未来の始まりなのです。われわれがいのちを生きると、その生きた時間分だけ、感情は襞《ひだ》を増やし、心像はその数を増やし、その内容を複雑化させています。アクション（心理過程）もそれまでの経験を重ねながら、少しずつ変化しています。生命体は物理世界に存在しますから、今、起きつつある外の出来事としか関われませんが、その関わり方は、常に同じではありません。その都度、過去の経験を織り込んで、関わり方を変化させています。生命体の働き（正確には神経過程）に共存するこころも、こころの「今」に、過去の経験を組み入れ続けています。このこころの働きが記憶です。

　フランスの哲学者アンリ・ベルクソンは、記憶について非常に興味深い議論を展開しました。すなわち、今というのは肉体と外部世界の接点であり、いずれにしても物質現象だと言うのです。そして、この物質現象である今に、魂である記憶が知覚という生物機能を介して姿を現すのだ、と主張しています。

　わたしは記憶が魂だとは考えませんから、その点には賛成しかねますが、物質現象であ

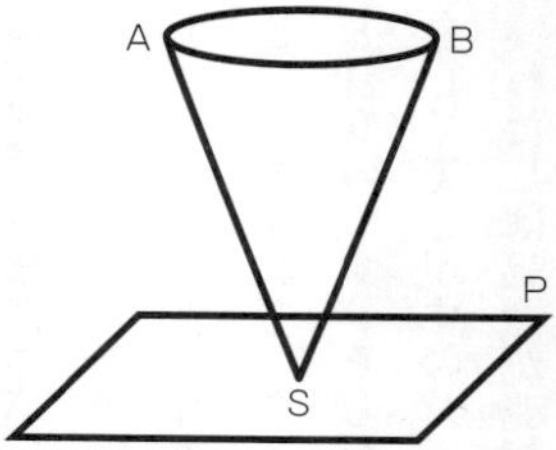

図11　ベルクソンが表した記憶と現実世界の関係

P：現実世界（物理的世界）の平面。
AB：ABSからなる記憶円錐の大元。
S：肉体が現実と接する先端。（Henri Bergson: Matter and Memory. Zone Books, New York, 1991, p152. Fig4. フランス語版原著５版、1908）

る今に心理現象である記憶が立ち現れる、と勝手に読み換えさせてもらいますと、抵抗なく読み進むことができます。彼は、記憶にこそ人間存在の本質がある、と言っています。まったくその通りで、記憶を抜いてこころは成り立ちません。こころという、不思議な現象は、ほとんど全部が記憶です。第二章で述べたこころの三側面である感情・心像・意志も、過去の経験あってこそ可能となるこころの働きです。

ベルクソンは、著書『物質と記憶』の中に、記憶と身体と外界の三者の関係を表す図式を載せています（図11参照）。その図では、われわれの身体活動（神経過程）の場、すなわちわれわれのからだが外界事象と出会う場を水平面とし、われわれが行為する「今」をその水平面上のただ一点に表しています。そして、上方からこの一点へ、記憶の大きなかたまり（過去）が、逆円錐の先端となって、なだれ落ちています。この一点が生命体たるわれわれの活動現場です。

この図は物理現象の今と心理現象の「今」との関係を見事に表しています。この二つの現象の性質が違うこともよく理解できます。

✝記憶の三つの側面

第二章で、こころに三つの側面があると言いましたが、記憶（こころの「今」に立ち現われるこれまでの経験）にも、いくつかの側面が認められます。

こちらもだいたい三つに分けて考えると便利です。すなわち、行為に関わるアクション（心理過程）の記憶、日々の出来事に関わる記憶、それに意味に関わる記憶の三つです。

1　アクション（心理過程）の記憶

アクション（心理過程）の記憶は、行為遂行（神経過程）に共存するこころの記憶です。意識されない心理過程である、という点が最大の特徴です。意識されませんが、われわれが経験している心理過程です。

アクションの記憶は、重度の記憶障害に陥ってしまった人にも残ります。昨日何をしたか、今日ここまで何をしていたか、朝、誰に出会ったか、などと聞かれてもまるで思い出せないくらい強い記憶障害があるにもかかわらず、そのような人に、たとえば、迷路パズルをやってもらうと、初めは試行錯誤の繰り返しで、出口に達するのに長い時間がかかるのですが、回を重ねるごとに確実に成功までの時間が短くなっていきます。繰り返した行為は決してただ繰り返されているのではないことが明らかです。一つの行為がなんらかのかたちでこころに残されて、次の行為を変化させているのですね。

つまり、アクション（心理過程）が記憶として残されているのです。一般に、からだに覚えさせる、あるいはからだが覚えている、などと言われる記憶ですが、実際は「からだ」ではなく、「こころ」が覚えているのです。

専門家の間では、このタイプの記憶は手続き記憶と呼ばれており、わたしもそう呼んできましたが、本書では神経過程と心理過程を厳密に区別して考えていますので、その点を強調してアクション（心理過程）の記憶と呼ぶことにします。

われわれの日常行動は、ほとんどがアクション（心理過程）記憶の再生です。

朝、起き、歯を磨き、洗面し、服を着がえ、朝食を取り、靴を履き、仕事に出かけるなど、毎日の生活は行為の連鎖から成り立っています。朝、起きない人はいないでしょうが、歯を磨かない人はいるかもしれません。洗面も、石鹸を使う人もいれば、水で顔を濡らすだけの人もいるでしょう。靴を履かない人はいないかもしれませんが、靴下ははく人もいれば、はかない人もいます。靴紐をしっかり結ぶ人もいれば、靴を足先でひっかけたままで玄関を出る人もいます。習慣は人様々です。すべて、人それぞれのアクション（心理過程）記憶の再生です。

行為と言えないような単純な動作、たとえば、しゃべる時には必ず「アー」という間合いを入れるとか、ボソボソ独り言を言うとか、椅子に座ると必ず腕を組んでそっくりかえるとか、なんかの拍子に必ず指の関節をポキポキ鳴らすとか、退屈すると髪の毛を指でいじくりまわすとか、人はみな同じ動作を繰り返しています。つまり、なんかしら癖を持っています。無くて七癖というくらいです。癖は本人が気づかない動作ですが、すべてアクション（心理過程）記憶の再生です。

もっと複雑な行為、たとえば、字を書く、電話をかける、パソコンを立ち上げる、ネット記事を読む、ラインやメールに字を打ちこむ、切符を買って電車に乗る、あるいは改札の読み取り機にカードをかざす、車を運転する、などなど、これらすべての、滑らかに遂行されていく行為は、その行為の順序や動作の詳細が意識されることはまずありません。

こうした行為は人によって微妙に違いがあり、その人特有の習慣を形作っています。すべてアクション（心理過程）記憶の働きです。

イギリスの作家、チャールズ・ディケンズの名作『二都物語』にマネットというフランス人医師が登場します。

彼は、フランス革命前の、王族貴族が横暴を極めていたパリで、ある貴族の息子どもの犯罪の尻拭いのため、被害者の診察を強制されるのですが、その時わずかな抵抗の態度をみせたばかりに、バスチーユ監獄に放り込まれ、北塔の独房で一八年もの長い時間を過ごすことになります。この間、許されたことはただ一つ、ひたすら婦人靴を作ることです。

幸い、彼は釈放され、元の使用人に受け出されました。しかし、以前の生活の記憶はすっかり失われてしまっています。彼は、その使用人にあてがわれた暗い屋根裏部屋で、低いベンチに腰かけ、前屈みになって、ひたすら靴を作り続けます。

その後、彼は、投獄された時わずか二歳で、母親（死亡）の母国イギリスに逃れて成長した娘に救い出されて、ロンドンへ脱出し、娘との穏やかな生活を始めます。記憶も戻り、医者の仕事を再開します。

しかし、この幸せは長くは続きません。彼の身に、過去を思い出さざるを得ない困難な状況がふりかかってくるのです。

すると、彼は、突如、靴を作り始めます。「今」という現実に対処する力、つまり意識が弱まり、過去に蓄積されたバスチーユでの習慣（アクション）がこころを支配してしまうのです。

アクション（心理過程）記憶の再生（もちろんディケンズがそんなことを言っているわけではありません）が見事に描かれています。

アクション（心理過程）記憶は、具体的な行為でなく態度にも表れます。

人生で、何かわが身に新しい問題がふりかかった時、われわれはなんとなく身構えます。これは比喩でもなんでもなく、実際に身構えるのです。進もうとする身構えもありますが、退こうとする身構えもあります。あるいはやり過ごそうとする身構えもあります。具体的に目に見えて姿勢を変えるわけではありませんが、来るべき事態に対処するため、一定の姿勢がこころの中に立ち上がります。ものごとに対するからだの構え、これも広い意味でのアクション（心理過程）記憶の再生です。

2 出来事の記憶

前項で、思わず、「強い記憶障害があるにもかかわらず……」などという表現を使ってしまいましたが、この普通にわれわれが使う「記憶障害」という語が意味する「記憶」には、出来事の記憶と意味の記憶があります。まず出来事の記憶です。

少し脱線しますが、科学の世界では現象の「再現性」が重視されます。得られた事実が真実であると認められるためには、その事実が誰の手によっても再現可能なものでなければなりません。そのために実験という手順が使われます。同じ条件で同じ実験をやれば、世界のどこの研究者でも、必ず同じ結果が得られる事実でなければ、その事実が事実と認められることはありません。ただ、これは、まあ、われわれを取り巻くある程度狭い宇宙の中での話のようで、宇宙全体（そんなものがあるとして）の話になると、宇宙はどんどん拡張、それも加速度的に拡張しているのだそうですから、再現性などという話はしようがないようですが、とにかく再現性はきわめて大切な科学の原理です。

何年か前、世の話題をさらった某研究所のＳＴＡＰ細胞（stimulus-triggered acquisition

of pluripotency cells）事件も、特定の刺激を与えると、通常の体細胞が若返ってもとの幹細胞に戻ることがあるという画期的な発見だったわけですが、その実験結果をほかの実験者が誰も再現できなかったために、世に受け入れられなかったわけです。

こころに話を戻しますと、こころの経験はすべて「今」一回きりです。「今」のこころを、将来のある時点に再現することはできません。

この一回きりの、その時、その時、常に新しい生活の経験をこころはすべて記憶しています。毎時毎分、自分が遭遇し続けるさまざまな出来事、あるいはその出来事と関係するのかしないのか定かでないまま、同時に浮かび上がってくるさまざまな心像や思い、さらには、気分や感情など、「今」経験しつつある、こころのすべてを、です。

アクション（心理過程）記憶は意識されませんが、行為として運動化（表現）されます。一方、出来事の経験は、こころに閉じ込められたままですから、言葉や音楽や絵やパフォーマンスなど、本人がなんらかの手段を使って外部へ持ち出さない限り、他人が知ることはできません。出来事の記憶が思い出せるか思い出せないかは、本人の報告に頼る以外、他人が判断できるすべはないのです。しかも、厄介なことに、本人が思い出せないとしても、そのことは直ちに、本人のこころからその記憶が消えてしまったことを意味するわけではありません。あることを思い出せないことと、あることの記憶がこころから消滅することとは、同じではありません。

†すべての経験は出来事として記憶される

われわれは、生まれてこの方、変化し続ける出来事の世界を生き続けています。波瀾万丈の人生を送る人もいれば、平平凡凡の毎日を過ごす人もいます。しかし、前者の生活にだけ変化があって、後者の生活に変化がない、ということはありません。すべての人はそれぞれに変化し続ける世界に身をゆだねています。そして、この毎日の経験はすべてこころに残されていきます。

出来事の記憶というと、何か目新しい事件があって、そのことだけが記憶されていくように思われるかもしれませんが、そうではありません。その日、その時、その瞬間に、自分を取り巻く外の世界と自分との間に生じるすべての経験が記憶されます。

今、わたしは夜明け前の自分の書斎で机に向い、置時計のチクタクを耳にし、某私鉄電車の通過音を聞き、マウスを動かし、パソコンの文字盤を叩き、画面に現れる文字列を見、その文字列を読み、寒いので膝にケットをかけ、それでも寒いのでオイルヒーターのスイッチを入れ、またパソコンに向かい、今度は文字盤に触らずに、横の辞書を取って、気になった語彙を探しています。ついでに、もうすぐ七時か、などと考えています。あるいは、そろそろゴミ出さなあかんな、などと考えています。腹減ったな、とも感じています。

このような、こころが知覚しつつある外の世界の出来事と、こころが経験しつつある自分のからだの動き、こころに浮かぶ雑念、それにつきまとう感情など、すべては一回性の出来事です。そしてこのすべてが生活の記憶としてこころに残されていきます。

生活の記憶の大部分は心像から成り立っていますが、この心像なるものは「今」から過去へ移行するに際し、つまり「今」の意識の舞台から退場するに際し、なんらかの形式に圧縮されます。この圧縮はベルクソン流にいいますと、持続です。こころの時間は切れることなく続いています。物理的な今が過ぎたからと言って、こころの「今」は過ぎません。過去は今から切り離されるようなものではなく、「今」に続いています。あくまで仮説であり、哲学的な言葉の遊びとも言えなくはありませんが、「今」の心像経験は無限小の持続として、こころを作っていきます。

持続としての記憶は固定されたものではありません。生きるにつれ、さまざまに変形し続けています。たとえば、過去の出来事の断片は、折にふれて「今」に侵入してきます。

ふっと思い出す、という現象がそれですね。理由も分からないまま、突如、意識に浮かび上がってきます。そうやっていったん思い出された出来事は、その時点で、「今」の出来事（今の意識内容）の一部となります。ということは、今の時間、今の外部世界、今のこころの状態（単純にはその時の感情）の枠組みに組み込まれて、新しく経験されるということです。そして、再び、そのかたちで持続します。

どの程度の出来事がどの程度の強さで思い出せるかは、個人差が強くて一概には言えません。わたしの知人に限っても、大抵のことをこと細かに覚えている人間もいれば、わたしのように大抵のことが靄に包まれているような人間もいます。

†意識的に思い出す記憶は疑わしい

個人の経験に照らすしか分からないことではありますが、過去の出来事を意図的に思い出すのは、結構難しいことです。

その例として、記憶再生の話になると必ずと言ってよいほど、引き合いに出されるのが、犯罪現場に居合わせた人の証言です。どの人も自分はこう見た、と信じて証言するわけですが、それが結構あやふやなのですね。

「確かに見たのでしょう?」、「実は見てないのでしょう?」、「できるだけ正確によくよく思い出してください」などと言われて、思い出そうとするのは意志を働かせる思い出し方です。特定のテーマの思い出しに集中しようと努力すればするほど、その努力の感情に報いるかのように、自分の記憶に対する確信は高まりますが、そうやって思い出した記憶が事実であるとは限らないのです。むしろ、確信している人の証言ほど怪しい、ということもあるのではないでしょうか。

過去の出来事がもっとも正確に(正確に、と言うのは語弊があります。もっとも詳細に、と言う方が無難かもしれません)思い出されるのは、こころに自発的に(意志と無関係に)浮かび上がってくる時です。外の世界の出来事は、われわれの感覚器を通して受け取られ、神経系で処理され、その神経過程に共存してこころの経験となります。自分の感覚器がフルに活動していて、初めて立ち上がる心理過程です。ですから、感覚がきっかけとなるような思い出し方のほうが、意図的な思い出しよりは、遥かにいきいきと過去の出来事を蘇らせることができます。

たとえば、三〇年間、一度も思い出すことのなかった子供の頃の出来事が、その間一度も帰らなかった故郷へ足を踏み入れた途端、次々と昨日のことのように思い出される、などという話がごまんとあります。あれはまったく本当です。故郷の風景や故郷の言葉など、出来事の背景にあった視覚や聴覚や嗅覚など、感覚性感情がこころの枠組みを作ってくれると、その枠づけにはまった出来事が次々と思い出されてくるのです。

この、自発的な記憶の立ち上がりの有様をあざやかに描き出したのが、フランスの小説家、マルセル・プルーストです。彼の生涯をかけた大長編『失われた時を求めて』には、感覚をきっかけに立ち上がる記憶の風景がいくつも描かれています。

もっとも有名なのは、マドレーヌの話で、ご存知の読者も多いかもしれません。

この小説の主人公が、幼少時を過ごしたコンブレーの町を離れて、だいぶ経っていたある日のことです。たまたま母親が紅茶とプチ・マドレーヌを出してくれます。マドレーヌを紅茶に浸し、崩れたマドレーヌのひとかけをスプーンで口に入れたとたん、彼の記述だと、マドレーヌが口蓋に触れたとたん、全身に戦慄が走り、得も言われぬ愉悦がこころを満たします。その味は、昔、コンブレーでレオニー叔母さんが、日曜日になると、紅茶かチザン（フランスの煎じ茶）に浸して食べさせてくれたマドレーヌの味でした。そして、一挙にコンブレーの昔が蘇ります。食べ慣れていたお菓子の味が眠っていた記憶を呼び覚ましたのです。

この話は有名すぎて面白くないかもしれませんので、あまり引用されないやつをもう一つ紹介しましょう。

物語も終りに近く、主人公は親しいゲルマント妃のパーティに出席すべく、彼女の館を訪れます。その時のことです。

玄関に向かってぼんやり歩いていると、後ろから邸内に入ってきた車に轢かれそうになり、あわてて歩道へ上がります。この時、敷石のデコボコにつまずいて、こけそうになり、バランスを戻そうとして、少し高くなった敷石に片方の足を乗せます。とたん、眼前に深い紺碧が広がり、ひんやりと冷気が押し寄せ、まばゆい光が身を包みます。ああ、なんという幸せ！

彼は、この瞬間を再現しようとして、人目も気にせず、その場で何度もこのアンバランスな姿勢を作ってみます。そうすると、時折、その快感が戻ってきたのです。そして、彼は気づきます。これはヴェニスだ。昔、サン・マルコ大聖堂の洗礼所のデコボコ敷石に立った時の空だ。その時の空気だ。ヴェニスの光だ、と。同時にその日のすべての記憶が蘇ります。その引き金は左右の足のアンバランスな立ち位置なのでした。

プルーストがそう書いているわけではありませんが、身も蓋もない非文学的な解釈をさせてもらいますと、主人公の内耳に納まっている平衡感覚器（膜迷路）が、今、ゲルマント館の歩道でバランスを崩しかけて、中枢神経系へ向けて発信したニューロン・インパルスのパターンと、昔、サン・マルコ広場に立った時に活動したニューロン・インパルスのパターンがよく似ていたのでしょう。膜迷路から送り出された、その時と類似のインパルス列が、中枢神経系の類似のネットワークを立ち上がらせたのだと、考えられます。

このような回想の経験は、本人が忘れていた過去の出来事が、決して消去されているわけではなく、こころの中で圧縮され、持続していることを教えてくれます。

なんだ、小説と科学をいっしょくたにするのか？　馬鹿も休み休み言え！　と腹を立てられる向きもあるかもしれません。しかし、こころは一筋縄では解けません。哲学者や芸術家の洞察や直感の中には、科学で太刀打ちできない真実がいっぱい詰まっています。

3　意味の記憶

次は意味の記憶です。そもそも「意味」とは何でしょうか？

われわれが毎日当たり前に使っている言葉ですが、一歩立ち止まって考えて見ますと、これはなかなか手ごわい概念です。

『広辞苑』だと「記号・表現によって表され理解される内容またはメッセージ」あるいは「物事が他との連関において持つ価値や重要さ」とあります。

『明鏡国語辞典』だと「記号の表す内容。意義」、あるいは「ある表現や行為によって示される内容」、あるいは「価値。重要性。意義」などとあります。要するに、意味は記号の内容である、という定義です。

分かったような、分からないような……定義です。今いちピンと来ません。

ここは少しアプローチを変えて、これまで使ってきたこころの言葉で考えてみます。

意味経験の始まりは、第二章でも少し触れましたが、「今」見ている（あるいは聞いている、あるいは触っている）かたち、つまり感覚性心像が、過去に自分が経験したかたちと共通性を持っていることへの気づきにあります。これを一般化しますと、意味とは、ある事物・事象が心像としてこころに捉えられた時、その心像に既に経験した過去の心像（記憶心像と呼んでおきます）が結びつくことです。

もしも、今、自分のこころに立ち上がった感覚性心像がなんらかの記憶心像とも結びつかないとしますと、この心像はこころの中のどんな構造にも吸収されないわけですから、宙ぶらりんの状態でこころの中をさまようことになります。こんな時、こころは、この対象について「わけが分からん」、「意味が分からん」という感情を持ちます。

逆に、現在の経験が過去の経験に抵抗なく吸収される時は、その現在の経験の意味が理解された、と考えられます。ただし、ここでの「理解」というのは、意識的に理解される、と言うことではなく（これが普通の辞書的な定義ですが）、こころの秩序構造に抵抗なく組み込まれる、というほどの意味（?）です。

なぜ、そう考えるのか、個人的な経験を紹介しましょう。

大脳に損傷を受けた人で、いろいろなモノが分からないと訴える方がいました。たとえば、この人に一本の毛筆を見せると、なんだか分からない、と言います。使ってみてくださいと促しても、首をかしげるばかりです。

夫人が、よく使っていたじゃない、と誘っても、茫然としています。

そのうち、その毛筆を右手に持って、筆先で自分の左手にはめている腕時計のカバーガラスを掃いてみたりするのですが、字でも書いてみようかという仕草にはなりません。示されたモノが何なのか、まるでピンと来ていないのです。

しかし、この人のこころには、毛筆の視覚性感覚心像はちゃんと立ち上がっていると思われます。なぜなら、この毛筆の形態にぴったりそぐうように筆を持ち、筆を動かしているからです。それだけでなく、この筆のかたちを写してもらうと、ちゃんと特徴を押さえた絵になっています。にもかかわらず、このかたちは、この人の過去の筆の使用にまつわる経験を呼び出さないのです。

つまり、一本の毛筆という、現在見ている事物に対応して立ち上がった感覚性心像が、この事物に関連する過去の経験と結びつくことができないのです。

今の知覚経験だけでは、筆の意味は理解できません。今の知覚経験（毛筆の感覚性心像）と過去の毛筆にまつわる経験（記憶心像群）の間に安定した関係が成立して初めて、見せられた毛筆の「意味」が立ち上がります。意味は心像と心像の関係の中にしか立ち上がりません。

†意味が経験されるとき

「意味」の意味（?）をこのように広くとって、心像と心像の関係のことだ、と言ってしまうと、前項で取り上げた生活の記憶も意味抜きでは成り立たないことになり、話が複雑になりますから、ここでは意味記憶の範囲をうんと絞り、今例にあげた「毛筆の意味」のように、個別の事物・事象の意味の記憶に限定しておきます。

こうした個別の事物・事象の意味の記憶で、もっとも分かりやすいのは語心像です。

前項の出来事の記憶のところで、

「今、わたしは夜明け前の自分の書斎で机に向い、置時計のチクタクを耳にし、某私鉄電車の通過音を聞き、マウスを動かし、パソコンの文字盤を叩き、画面に現れる文字列を見、その文字列を読み、寒いので膝にケットをかけ、それでも寒いのでオイルヒーターのスイッチを入れ、またパソコンに向かい、今度は文字盤に触らずに、横の辞書を取って、気になった語彙を探しています。ついでに、もうすぐ七時か、などと考えています。あるいは、そろそろゴミ出さなあかんな、などと考えています。腹減ったな、とも感じています」

と書きましたが、このわたしが経験しつつある出来事の意識は、すべて日本語の意味の記憶に支えられています。たとえば、書斎、机、置時計、電車、マウス、パソコン、文字盤、膝、ケット、オイルヒーター、辞書、語彙、七時、ゴミ出し、腹減った、などは、すべて事物・事象の名前（音韻心像）とその名前に結びつけられている記憶心像の統合体です。もし、「書斎」という構造体の名前とそれに結びついた記憶心像が立ち上がってくれなければ、「書斎」というまとまった概念をこころに浮かべることは相当難しい企てになるかもしれません。なにかしら、まわりに空間があるな、これは何て呼ぶのかな、ということになってしまいます。「机」もそうです。この家具の名前とその記憶心像がこころに貯め込まれていなければ、このひらべったい台は何だったかな、何と呼んだかな？　何のためにあるのかな？　などと考えこんでしまうかもしれません。意識の流れが滞ってしまいます。

音韻心像（聴覚性心像）に結びついている記憶心像の性質はさまざまです。「置時計」や「電車」などはモノの記憶心像ですが、「語彙」はモノではなく、単語の集まりです。「七時」もモノではなく、時間概念です。「ゴミ出し」は行為です。「腹減る」は感情です。

ここに例示したさまざまな語は、音韻心像と記憶心像の安定した関係が作り上げる複合的な心像、つまり超感覚性の心像です。わたしの言う語心像です。語心像における心像間の関係を、言語学では「意味するもの」と「意味されるもの」の関係と定義しています。意味するものである音韻心像自体は意味を持ちません。意味されるもの（記憶心像）自体も、それだけでは、意味を持っているとは断定できません。両者が関係を作る時、初めて意味が経験されます。

もし大脳損傷などで、神経過程に大きな障碍が起きますと、その神経過程に共存する心理過程は、音韻心像と記憶心像の間に安定した関係、言い換えますと安定したこころの秩序あるいは構造を作り出せなくなります。そうすると、たとえば、名前は受け取れても、その記憶心像は立ち上げられない、という事態が起こります。

実際にこのような症状が起こることがあり、「語義失語」と呼ばれています。

わが国で初めてこの「語義失語」という病態を発見し、報告したのは、精神神経科医の井村恒郎《いむらつねろう》でした。

語義失語では、語の音は受け取ることができるのに、語の意味は理解されなくなります。

井村の論文を引用しますと、たとえば、住所を聞かれて、

「ジュウショと言いますと？　私の土地ですか？」と問い返します。

朝鮮へは飛行機で行くのですか、と尋ねられて、

「ヒコウキってなんですか？」と問い返し、

趣味は何ですかと聞かれて、

「シュミと言うとなんですか？」などと答えるのです。

わたしも何例か経験したことがあります。たとえば、ある患者は、あなたの名前を書いて、と求められて、

「ナマエってどういうふうに書くもん？」

と問い返してきました。

じゃ、名前はいいから住所書いて、と頼みますと、

「ジュウショってどういうことするん？」

と、さっぱり通じないのです。

じゃ番地は？

「バンチってどういうこと？」

家はどこですか？

「イエって？」

と、ますますとまどうばかりでした。

こちらが尋ねた単語は本人に正確に受け取られ、その音韻心像は本人のこころにはっきりと立ち上がってはいるのです。その証拠に、尋ねられた単語を鸚鵡返しに使っています。しかし、立ち上げられた音韻心像は、この単語に結びついていたはずの過去の記憶心像と結びつかないのです。これでは、語の意味は理解できません。

意味経験は、さまざまな水準で起こりますが、もっとも重要なものがこのような言葉の

意味です。

われわれは、生まれてこのかた、食物の形や味やその呼び方を覚え、食器の形や使い方やその呼び方を覚え、おもちゃのかたちや遊び方やその呼び方を覚え、家具のかたちや機能やその呼び方を覚え、家族の姿や役割やその呼び方を覚え、家族以外の人の姿や役割やその呼び方を覚え、文字のかたちや意味やその呼び方を覚え、数字のかたちや意味やその呼び方を覚えてきました。どこで終わりということはなく、死に至るまで、とめどなくこういった、いわゆる知識を取り入れ続ける運命にあります。これらの知識はすべて意味の記憶です。意味の記憶は出来事の記憶と違い、繰り返し経験すること、あるいは昔の言い方ですと、学んで習う（学習）ことで、こころに蓄積されていきます。というか、こころに意味の網目（関係の網目）を作っていきます。

†抽象的意味も感情とともに記憶される

もちろん、意味の記憶も、最初は生活の記憶（出来事の記憶）として経験されます。意味の記憶だけが別のチャンネルで取り込まれるなどということはありません。しかし、同じ項目を繰り返し経験するうちに、出来事の経験の特徴の一つである感覚性の感情や情動性の感情（肉体性と言っても良いかもしれません）を失い、抽象性の高い心像群（概念）に変わっていきます。

だからといって、意味の記憶は抽象性だけをその本性としてしまうわけではありません。最初に遭遇した出来事の枠組みや、その時貼りついた感覚性の感情や情動性の感情もしっかり持続します。ですから、ある特定の言葉や観念に限って、その言葉が想起されるたび、強い感情が呼び戻されることもしばしば経験されることです。

またまた小説からの引用ですが、たとえば、こんな話。

この小説の主人公は直情径行型の女子中学生です。

ある日、ひそかに姉の行動を知ろうとして、姉が通う美容院を探り出し、その美容院でまんまと目当ての男性美容師に担当してもらうことに成功します。彼に髪を触ってもらっている時、いきなり「君の夢は？」と尋ねられます。

「夢？　夢？　わたしに夢などあったたっけ？」

「夢」という言葉を聞いたとたん、彼女のこころは収集のつかないパニックに陥り、過呼吸発作が始まります（金原ひとみ『クラウドガール』朝日新聞出版）。

「夢」という相手の何気ない言葉が、聞き手のこころに、辞書的な意味を超えた、大きな大きな意味の世界、つまりは彼女の過去を「今」に開いてしまったのです。

この点については、精神分析療法の創始者シグムント・フロイトの仕事が良く知られています。彼は、なんでもこころに浮かぶことをそのまま自由に話させる、という自由連想法という方法を用いて、病めるこころの闇に迫ろうとしました。つまり、言葉の意味記憶を手掛かりにして、個人の過去に分け入ろうとしたのです。

われわれは生まれてからの厖大な経験を、このように、アクション（心理過程）の記憶や出来事の記憶や意味の記憶という形で、こころに蓄積しています。そしてこれらすべての記憶は今に持続しています。われわれはこれらの厖大な記憶に裏打ちされた「今」を生きているのです（図12参照）。

生まれてから積み重ねている
記憶の種類
アクション（心理過程）
意志の働き
生活（出来事）
遭遇した時の状況・状態とその時の感覚・感情を体験
意味
辞書的な意味を超えたパーソナルな世界
経験の性質
意識されない
意識される
抽象性の高い心像群（概念）に変わる
経験の回数
繰り返し
1回切り
遭遇するものだから
繰り返し
再生の様式
行為化
プハ
ユラ…
意識化
夢は？
ゆめ…
「夢」？！
キャー
パカ
「過去」が「今」に開く
記憶していることで強い感情が呼び戻されることもしばしば

図12　3種類の記憶

第五章　こころ・意識・注意

†経験の定義

　始めにまた少し脱線させてください。

「経験」という語がありますね。

「あんな大きな地震、これまで経験したことない」とか、「あんな辛い思い、今まで経験したことなかった」とか、「この経験を無駄にせず、今後に活かしたい」とか、「この経験をなんとか他の人にも伝えたい」とか、「自分で経験しないことは結局分からない」などなど、頻繁に使われます。わたしも自分の経験したこと（つまり自分が勉強してきて気がついたこと）を読者にも伝えたくて、この本を書いているわけです。

このような一般的な使い方では、「経験」は「人間が外界との相互作用の過程を意識化し自分のものとすること（『広辞苑』）」を意味しています。あるいは「感覚・知覚から始まって、道徳的行為や知的活動までを含む体験が自覚されたあり方、またその状態（『広辞苑』）」を意味しています。いずれにしても、「自分のこころの動きを意識する」つまり「自覚する」のが「経験」です。

しかし、この定義だと「意識されない心理過程」は「経験されない」ことになってしまいます。

これでは困ります。なぜ困るかと言いますと、この辞書的定義に忠実に「経験」という語を使うことにしますと、自分のこころにしか起きていなくて、しかも意識化されない心理体験を表す語が無くなってしまうのです。コア感情やアクション（心理過程）のように、決して意識化されない心理過程を一語で表す術《すべ》がなくなってしまうのです。なんとかならないかといろいろ考えてみましたが、わたしの能力ではお手上げです。

やっぱり自分のこころに起きていることはすべて「経験する」と表現するしかありません。意識されるはずの感情や心像や思いだって、大部分は意識されない状態にあります。

意識される、されないに拘わらず、これらの心理現象はすべて本人の経験なのです。

本書ではこの点を考慮して、本人に起きているすべての心理過程を、本人を主語にして叙述する時は「経験する」と書いてきました。使い方が、国語辞書の定義からはずれていることを了承しておいていただきたいと思います。

前置はこのぐらいにして、本章ではこころ、意識、それに注意の働きについて考えてみます。どれも似たような言葉ですが、それぞれ使い分けてきました。その違いをここで整理しておきます。

1 こころ

まず、こころです。

熱いこころと冷めた理性などと、こころという用語は、理性と対比的に使われることが多いようで、なんとなく情動性の感情を表す言葉のように考えられていますが、そういう文学的な意味は一切抜いて、本書で言うこころとは、何度も述べてきたように心理過程の総体のことです。

わたしの（あるいはあなたの）生まれて以来の経験のすべてです。意識される心理過程（感情と心像）と意識されない心理過程（コア感情とアクション）のすべてです。

経験は時間の流れに乗って展開しますが、この時間は流れるといっても、流れ去るのではなく、「今」に持続します。つまり、「今」は過去を含みます。

持続をうまく説明するのは難しいのですが、われわれの実際の経験は今の経験と過去の経験というふうに切り分けられるものではない、ということです。過去の経験はすべて今の経験の中にあります。ベルクソンの言葉を借りますと、現在は過去に浸透し、過去は現在に浸透しています。こころでは、時間は「相互浸透」状態にあります。

空間性の経験はどうでしょうか？

われわれは外の世界で起きる現象を間違いなく、それぞれ分離した事象として知覚します。ただこれも見せかけで、心像の根っこは、時間と同じように相互浸透状態です。連続しています。外の出来事に対応する心像群は、すべて感覚性の感情という共通の母胎から立ち上がります。あるいはもっと大きく、情動性の感情やコア感情を含めたすべての感情を母胎にしています。すべての心像はもともとつながっているのです。

すなわち、時間的な持続と空間的な連続の中で、われわれの心像経験は展開します。

こころにはさまざまな心像が立ち上がりますが、これらの心像は、すべてこの持続と連続の中で、かたちが類似しているとか、働きが類似しているとか、内容が重なっているとか、起きた場所が隣接しているとか、起きた時間が接近しているとか、さまざまな理由で、さまざまに関係づけられています。関係づけの網目の中でしか、心像は立ち上がらないし、経験されないのです。

†「何か」と「何か」を関係づけようとする働き

こうした心像群の多様な関係づけの中で、もっとも重要なのは意味による関係づけです。意味については前章でも取り上げましたが、意味の記憶、それも個別の事物・事象に限っての話でした。しかし、意味経験は個別の事物・事象の経験に限って生まれる心理過程ではなく、遥かに広く、遥かに複雑な過程です。

こころは常に、何か（ある心像群）と何か（別の心像群）を関係づけよう、関係づけようとしています。何かの意味を知ろうとしています。何かを分かろうとしています。こころが求めている意味は、辞書や事典に載せられているような、厳密で固定した社会共通の内容ではありません。もっといい加減で、自分のほしいままな関係づけです。

この、何かと何かを関係づけようとする働きはこころの本来的な性質で、こころが活動している限り決して止むことがありません。

そのもっとも分かりやすい例が「思う」あるいは「考える」というこころの働きです。「思う」は自然発生的で、「考える」は意志が加わっている、というニュアンスの違いはありますが、原理的には同じ働きです。

「思う」は、「知る」とか「感じる」と違い、自分の経験しつつある複数の心像をおたがいに結びつけようとするこころの働きです。言葉（語心像）が素材になることが多いのですが、必ずしも語心像に限らず、ある経験と別の経験を結びつけようとします。

「思い」はさまざまに動きます。

たとえば、夕陽が海に沈むのをみて、思いが動きます。この思いは「夕陽が沈んだ。きれい」という感慨になるかもしれません。あるいは、「夕陽が逃げた。追いかけられないか」という発想になるかもしれません。「あるいは、夕陽が死んだ。あしたまた生き返るのだな」という考えになるかもしれません。あるいは、太陽と地球との空間的な関係に思いを致すことになるかもしれません。あるいは、太陽こそは絶対だ、信じることになるのかもしれません。

他人に対してもこころは動きます。あの人きれいだなとか、かわいいなとか、けったいやなとか、小さいなとか、大きいなとか、おしゃれやなとか、足長いなとか、怖そうやなとか、タイプやなとか、すごいなとか、立派だなとか、足元にも及ばんなとか、いけすかんなとか、あんな風にはなりたくないな、とか、さまざまに思います。

とにかく、われわれのこころは、常に、「何か」を「何か」と関係づけようとしています。「何か」について「思う」のです。「腹減った、何か食べたい、昨日の鍋うまかった」とか、「トイレ行きたい、もうちょっと辛抱せなあかんな」とか、「何かせんならんことあったな、何やったかな」とか、「寒いな、今何度くらいあるのかな」とか、実に散漫に思い続けます。

†知らないことを想像する力

こうした心像群の関係づけ（思い）は、現在の経験と過去の経験の間でのみ起こるわけではありません。こころは、未だ経験していないことや、未だ知らないことについても、なんらかの関係づけ（説明）を企てます。

たとえば、われわれはこころの死について何も知りません。他人の死は目撃できますが、その時のこころを経験することはできないのです。死ぬと、何も経験できなくなるだろう。無が始まるだろう、とは想像できますが、そこでおしまいです。

ところが、こころはこの思いで満足するとは限りません。

死ぬと、魂は肉体を離れて、浄土へ行く、と考える人もいます。浄土とはなんだかとてもいいところです。そこではもう死ぬことなく、食べる必要もなく、働く必要もなく、妙なる音楽が流れていて、阿弥陀如来さまがそばにいてくれます。

死ぬと天国へ行ける、というのが最近の日本では常識のようで、みなさんどなたも天国へ昇るようです。天国で会いましょうとか、天国のお母さん聞いてくれていますか、などと声を張り上げています。

日本人の天国はどんなところか、浄土よりは分かりにくいのですが、とにかく上の方にあるようです。

死ぬと地獄へ落ちると考える人もいます。地獄とこの世の境には三途の川が流れていて、船賃が払えないと、渡れないことになっています。船賃を払わなくてはならないほど値打ちのあるところかというと、どうもそうではないらしくて、入口には閻魔様が待ち構えていて、浮世の罪に合わせて、あちこちの地獄へ振り分けられるらしいのです。あげく、湯の煮えたぎった大釜へ抛り込まれたり、舌を引き抜かれたり、もうさんざんな目に会わせられます。

古代ギリシア人やローマ人の想像力もすごくて、死ぬと、地下深くにある冥界に落ちることになります。そして、初めにステュクス川（我が国の三途の川）を渡らなければならないようですが、この川にはカロンという渡し守がいて、生前ちゃんと埋葬してもらった死者でなければ、彼の渡し船には乗せてもらえないのだそうです。渡してもらった川の向こうにはハデス（死者の国）が広がっています。その大部分は地獄です。永久におのれの肝臓をついばまれたり、永久に大石を持ちあげさせられたり、無限の苦しみが、死者を苦しめます。

当時のギリシア人やローマ人たちの想像力がどんなに自由奔放なものだったか、前一世紀に活躍したウエルギリウスの傑作『アエネーイス』に描かれている冥界を覗いてみましょう。

主人公アイネイアスが父を求めて降りていった死後の世界は、ステュクス川に達する前からすでに魑魅魍魎がはびこっています。

スキュラがいます。六つの頭を持ち、腹には犬が巻き付き、吠えまくっています。プリアレオースもいます。五〇の頭と一〇〇本の手を振りまわしながら、うろついています。九つの頭を持つ大蛇レルナがシューシュー音を立てています。この化け物は、頭を一つ切り落とされてもたちまち二つの頭を再生します。ライオンの頭と、ヤギの体と、ヘビの尾を持つキマイラが火を吐いています。ヘビの髪と真鍮の爪を持つゴルゴンたちもいます。決して見てはいけない怪物です。見るとたちまち石に変えられてしまいます。いつも腹をすかした、頭は女でからだは鳥のハルピュイアたちも群れています。遠くでは、三頭三身で、腰から下は一身のゲリュオンが牛の群を追っています。

こうした想像の翼を広げることができるのは、こころの心像生成能力のお蔭です。想像とは創像なのですね。こころは外界事象に対応する心像を立ち上げる力を持っているだけでなく、これまでの経験を組み合わせて、好き勝手に、新しい心像を作り出すことができるのです。

その典型が芸術活動です。芸術家のこころは実世界に無い事象を創像し、生み出した心像群をおたがいに関係づけて、それを文学や音楽や絵やパフォーマンスに表現します。

†コア感情は「わたし」そのもの

なぜわれわれは想像力を駆使してまで、何かを思い続けるのでしょうか？ こころが常に経験の関係づけを求めているからです。なぜこころは関係づけを求めるのでしょうか？

関係づけがこころに秩序（意味）をもたらしてくれるからです。

もともとこころは単純で、コア感情だけだったのですが、生を生き、経験を積むにつれ、こころは外へ外へと向かい始め、感覚性心像や超感覚性心像や語心像を大量に立ち上げるようになります。この結果、これらの心像群はコア感情からどんどん遠ざかっていきます。つまり、感情に固有のからだとの接触感が失われていきます。心像相互の関係もあいまいなものになっていきます。このコア感情から遠ざかっていく心像群を、コア感情というこころの根源に回収し、関係づけようとするこころの働きが「思い」なのです。

コア感情には、しばしば「わたし」という名前が与えられます。

こころが厄介なことに名前が与えられると、その名前は心像（聴覚心像）ですから、コア感情から離れてしまいます。ほかの超感覚性心像や語心像と同じ性質の経験になってしまいます。名前、つまり記号となった「わたし」は、こころの中心ではなくなってしまうのです。そもそも「わたし」などと記号化する必要はないのです。コア感情とは主体そのもの、こころそのもの、わたしそのものなのですから。

脱線しますが、日本語には主語がないということがよく話題になります。でも、これって当たり前のことで、別に何の不思議もありません。自然発生的な言語では、主語（つまり「わたし」）などまったく不要なのです。なぜかと言いますと、本人が発する言葉は、その人のこころそのものの持ち出しですから、発話全体が主体の行為そのものなのです。「わたし」という主語をつけないと、正しい言葉ではない、などと考えるほうがよっぽど変なのです。現場（話し手と聞き手が相対する場）を離れた第三者にとってのみ、主語のあるなしが問題になるのですね。

2 意識

次は意識です。

こころの中では、常に感情と心像が動いていて、われわれは何かしら思い続け、何かしら考え続けています。こうした経験はすべて、こころの厚み（記憶）となって、われわれの「今」を作り上げています。

とは言っても、自分の人生が積み上げてきたこころの厚みのすべてを、わたしが「今・ここ」で経験するわけではありません。そんなことは不可能です。なにしろ量（変な言い方ですが）が多すぎます。当然、「今・ここ」で経験できる心理現象の量は限られたものにならざるを得ません。この、わたしの「今・ここ」という限られた条件の中で立ち上がる心理過程に、自らが気づく働きがいわゆる「意識」と呼ばれる現象です。こころと意識を同一視する立場もありますが、わたしは意識をこのようにこころよりは狭い心理過程と考えています。

今、わたしが向き合っているパソコン画面の映像、今のわたしの息遣い、今のわたしの脈拍、今の室温、今聞こえている遠い人声、今遠ざかる電車音、今の車のブレーキ音など、今、起きている出来事がわたしの意識の中心を占めています。

わたしが「今」経験しつつあるからだの感覚、わたしが「今」経験しつつあるからだ周囲の空間（わたしの書斎）が、わたしの空間経験の中心を占め、そのまわりにわたしの居宅が広がり、わたしの居宅のまわりにわたしの町が広がり、わたしの町のまわりに阪神間の地理的空間が広がり、その周りに日本列島の空間が広がり、そのまたまわりに太平洋の空間が広がり、そのまたまわりに地球の空間（というよりもはや観念というべきですね）が広がり、そのまた周りに太陽系が広がり、そのまたまわりに銀河系が広がり、といくらでも空間意識は広がっていきますが、中心はあくまで、わたしのからだとその周辺の空間です。

想像の世界は自由だから、あなたの今の意識の中心を大阪城天守閣に移動させることだってできるじゃないか、と考える読者もいるかもしれませんが、それは不可能です。すべての心理現象は肉体の「今・ここ」でしか経験することはできないからです。

†意識できる量は限られている

こころは人生の経験すべてです。これまでに積み重ねられてきた感情、織りなされてきた心像、組み立てられてきた語心像など、自らの思いや考えのすべてです。意識は、この大きなこころのうち「今・ここ」で自覚できる部分です。こころのほんの一部です。当然、意識の周辺には、厖大な感情と心像と思いの世界が広がっています。

たとえば、AさんならAさんが、誰かと何かの話をしているとします。Aさんはその何かを話し始める前に、話すことのすべてを意識しており、その意識している心像群（この場合は語心像群）を順次、運動（発音行動）に変えていくのでしょうか？　つまり、話の内容をすべて意識しつつ話を進めるのでしょうか？　たぶん、そういうことにはなっていません。こころが必要な記憶を「今・ここ」の意識へ立ち上げ続けているのです。

Aさんは、話し出す前に、確かにある話題を意識してはいますが、それは概要であって、内容そのものではありません。一つの話題を言葉の並びとしてあらかじめ全部意識に乗せておくことなどできない相談です。ある話題（話したいこと）を持っているとしたら、その話したいことは心像群として意識の周辺に待機しており、発話とともに具体的な音韻心像として次々に意識に登場して（立ち上がって）くるのです。

よく、結婚式などでの失敗話として、祝辞を頼まれていたけれども、マイクの前に立ったとたんに準備してきた話の内容を全部忘れてしまった、頭がまっしろになってしまった、何をしゃべったらよいのか分からなくなってしまった、あんなにあせったことはない、などという思い出を語る人がいますが、それって、失敗でもなんでもなくて、まったく普通の現象なのです。人前でマイクを握ったとたん、その人の「今・ここ」は、その直前とまったく違ってしまいます。意識はマイクの前の「今・ここ」でしか働きませんから、それまで意識に乗せていた話の筋も、「今・ここ」の意識からはしばらく退場しているのです。それ準備したままの話をしようとすれば、あらかじめ原稿を用意して、それを読みあげていくしかありません。

このように、われわれが意識できる心像の量は限られているのですが、このわずかに意識できている心像群自体、決して固定した状態に留まってくれるわけではなく、絶えず入れ替わっています。

「ゆく河の流れは絶えずして、しかももとの水にあらず。よどみに浮ぶうたかたは、かつ消えかつ結びて、久しくとどまりたるためしなし」（鴨長明『方丈記』）

有名な方丈記の冒頭です。鴨長明は、自分の周囲、すなわち河の流れという外の世界の事象に託して、自分のこころの世界を描写しています。河がこころで、淀みは意識、うたかたは心像ですね。

なぜ意識に浮かぶ心像はうたかたのように入れ替わり続けるのでしょうか？

おそらく、おそらくとしか言えませんが、過去のすべてのこころの経験は、条件さえ整えば、「今・ここ」で意識化されうる状態にあります。このような心像群を仮に「待機心像群」とでも名付けるとしますと、過去の心理的経験（つまり記憶）はすべて待機心像群であって、必要があればたちまち心像化（意識化）されるのだろうと思われます。そして必要がなくなればたちまち元の待機状態へ戻るのです。

†広がりと深さが理解のカギ

意識の性質を理解するには、広がりと深さという、二つの比喩的尺度が役に立ちます。広がりは意識野、深さは意識水準とも呼ばれます。

意識野は、われわれの知覚能力の制限を受けますが、おそらく知覚範囲とまったく同じではなく、それよりは幾分広い範囲をカバーしています。たとえば、われわれの視野は前方一六〇度くらいを超えることはあり得ませんが、この視覚的空間の広がりに聴覚的な知覚空間の経験を加えることで、視野がカバーしない自分の背後空間の事象についてもある程度は心像化することが可能です。自分の後ろに何か気配を感じる、などという経験がありますね。気配が実在の事象であるかどうかは別の話になりますが、自分の周囲への意識は感覚能力を超えて広がっている可能性があります。

意識はまた、感情、心像、語心像、さらに思いと、層をなして積み上がり、一定の水準を維持しています。すべての層がしっかり立ち上がっている時、はじめて意識は鮮明なものと経験されます。自分の思いを自分の思いとして自覚できるのは、下支えの部分が安定して活動してくれているからです。この層構造が崩れてしまうと、意識は鮮明さを維持することができなくなります。

意識（心理過程）は行動（神経過程）と共存していますから、からだが疲れると意識の広がりは狭くなり、厚みも薄くなります。からだが快調だと、意識は一杯に広がり、十分な厚みを保ちます。

3　注意

最後は注意です。意識を考える上で、避けて通れないこころの働きです。

臨床の現場では、患者の意識状態を意識清明、意識混乱、意識混濁、傾眠、昏迷、昏睡、深昏睡などと区別します。

意識清明は覚醒した、普通の状態です。意識混乱では、覚醒はしているのですが、意識がまとまらない状態にあり、筋道立ってものを考えることができません。意識混濁では、意識が覚醒時にくらべると広さも狭まり、水準も下がって、目は開いているとしても、考えるなどということはまったくできず、茫然としています。傾眠では、覚醒状態を維持できず、うつらうつらしていますが、刺激を与えれば覚醒はします。昏迷は、傾眠よりもさらに意識が低下していて、より強い刺激を与えないと覚醒しません。それも短時間しか続きません。昏睡では覚醒させることは不可能で、睡眠状態が持続します。刺激を与えれば、からだは反応します。深昏睡では、眠りはさらに深く、刺激に対して反応することはありません。ただ部分的な反射は残っています。

夢の中でも自分のこころの出来事に気づいている

このうち、意識混乱や意識混濁は、注意障害があるかないかを基準に判断します。どうやって判断するかと言いますと、名前を聞いたり、住所を聞いたり、時間を聞いたり、生年月日を聞いたり、簡単な会話をして見たりして、患者の反応を見るわけです。名前を聞かれて、自分の名前を求められていることを理解するためには、自分の注意を質問に向けなければなりません。さらに、自分の名前を名乗るには、自分の注意を待機心像群（記憶）の中の自分の名前（語心像）に向けなければなりません。つまり、「注意」とは、意識を自分の思い通りに方向づける働きです。

意識（心理過程）は神経過程にしばられていますから、神経過程が変化すれば、それに共存する意識の状態も変化します。眠れば意識の働きは低下し、起きれば意識の働きは活発化します。ただし、睡眠の場合、単純に意識が低下する、と考えるだけでは済ませられない不思議な現象も起こります。

「夢」ですね。

夢を見ている時、われわれは夢に現れる人や場所や事物や、その時の感情など、さまざまな心像・感情をひとまとめに経験します。

夢を見ない人がいるのかいないのか、心理現象ですから実証のしようはありませんが、行動変化から推定する限りでは、誰でも眠っている時のある期間、夢を見ていると考えられています。

眠っている人を観察していると、一晩に何回か、眼球が急速に動き出す時があります。そのまま「REM(レム)期(rapid eye movement phase 急速眼球運動期)」と命名されています。この時期には、まず間違いなく夢を見ているらしいのです。その証拠に、この時期に起こされると、全員ではないのですが、かなりの人が今、夢を見ていたと答えます。

わたしもよく夢を見ます。残念ながら、あまり楽しい夢を見ることはなく、たいていが何かしら怖い夢で、うなされて眼を覚まします。フロイト先生から、お前は幼児期に何か問題があったに違いない、などと言われそうです。

わたしの見る夢にはいくつかパターンがありますが、わりあい多いのは、どこかの学校らしい環境で、まわりには階段教室のようなものがあるらしいのですが、定かには分かりません。わたしは、何か授業を受けなければいけないらしいのですが、受けているようではありません。教室のような空間はたがいに入れ込んでいて、整然とした空間ではなく、授業をしている人物や、わたしと違って授業を受けているらしい人物がいるようでもあり、いないようでもあり、みんな入り混じっていて、顔も服装も姿勢もはっきりはしません。授業に出ないとなんかとんでもないことになりそうなのですが、そのとんでもないことが何かはさっぱり分かりません。そんなわけの分からない状況でもがいているうちに、実際に声が出て、目が覚めます。目が覚めた時は、なんとも言えない安堵感があります。

記録されて残されている夢は、たいていもっと鮮明なものですから、わたしの夢も本当はそうなのかもしれませんが、覚醒したとたん、夢内容は退場してしまいますから確かめようがありません。あるいは鮮明な夢経験とされているもののほうが不自然で、覚醒時の意識があいまいな夢内容を再構成してしまっているのかもしれません。

ま、それはどちらでもよいことで、重要なのは、夢は正常な意識状態の一つの形式であって、意識障害ではない、と言うことです。自分で自分のこころの出来事に気づいているのです。それも、ほぼ毎日。

†注意することでこころのバランスを制御する

夢意識は、まぎれもなく意識であり、本人のこころの「今・ここ」で活動しているのですが、覚醒意識のように、外の世界の今、外の世界のここに起きつつある出来事とは結びついていません。感覚諸器官も運動諸器官も活動モードを変化させています（眠っています）。眼球は動いていますが、無秩序な動きに過ぎず、視覚は働いていません。ですから、覚醒状態の神経過程に共存する外の世界の枠組みは経験されません。外の世界との関係を断たれたまま、つまり自分が世界内存在であるという、覚醒時の意識に対する神経過程からのしばりが無い状態で、意識が活動し、記憶心像群（待機心像群）だけが無秩序に立ち上がっています。

つまり、夢では注意（意志）が働いていないのです。

夢に泥棒が現れたとします。わたしの夢にはよく泥棒的な侵入者が現れることがありますが、入ってくるのを阻止しようとしても、阻止しようがありません。阻止しようとする思いは動いているようですが、その思いが泥棒との対決に向かうのかどうか、曖昧模糊としていて、訳が分かりません。衝動だけが無方向に声を上げようとして、「誰だ！」と叫ぼうとしますが、声になりません。声になったとたん、目が覚めます。

夢では、自分のこころの中の出来事に気づいていますが、その出来事を統制することはできないのです。これに対し、覚醒している時の意識は、意識内容が制御され、心像群の秩序が保たれています。この違いは注意のあるなしにあります。注意が働いていないと、意識内容は無秩序に、ただ立ち上がり、ただ消えていきます。注意が意識内容を制御し、秩序化しているのです。

われわれは、たとえば、一〇〇から七ずつ引いて行く、という課題をペンの助けなく行うことができます。一〇〇引く七は九三、九三引く七は八六、八六引く七は七九、七九引く七は七二、七二引く七は六五……と、最後に二が残るまでこの暗算を続けることができます。こころは、出た答えから七を引く、という課題に注意を集中しています。もし、この注意が途切れると、その時の答えが意識から消えてしまいます。あるいは七を引く、という課題が意識から退場してしまいます。

あるいは、公園で、お母さんが歩き始めたばかりのわが子の動きを少し離れたところから見守っているとします。ずっと注意し続けているつもりが、つい友達との話に熱が入ってしまいました。あれ？　と思って、わが子のことを思い出した時には、もうわが子は視野から消えています。どこにも見当たりません。お母さんはパニックになり、大声でわが子の名前を呼び立てます。こどもへの注意が維持できなかったのです。

このように、意識という、放っておくと際限なく勝手な心像や思いを立ち上げ続ける現象に、一定の制限をかけ、自分が選んだ対象心像群だけを持続的に意識し続ける働きが注意です。

覚醒意識は、夢意識にくらべれば、格段に構造化されていますが、それでも注意が働かないと好き勝手に動き出します。注意が意識内容を制御し、秩序化することができて初めて、俺は今何をしている、俺は今何を見ている、俺は今何を考えている、俺は今どこにいる、今は何時頃だ、ということが自覚されます。自分を物理的時空間の現在地につなぎとめることができます。

見方を変えますと、注意とは、自分が選択した対象（心像や思い）をよりよく、より強く捉えようとするこころの働きです。対象と言っても、どの心像もすべて自分のこころの中の出来事なのですが、その中のどれかをさらにより強く、より明晰に経験しようとする働きです。同時に対象心像とその周辺を構成する心像群との関係をはっきりさせようとする働きです。

夜空に広がる星の群を見上げても、ただ茫然と見ているだけならば（注意を働かさないならば）ただそれだけの経験で終わりますが、ある星に注目して、その星だけに注意を集めていますと、その星と同じくらいの明るさの星や、それより少し暗い星が、同じ関係を保って、いつも同じ方角の空に同じくらいの時刻に見えるようになってきます。無秩序な星の群にある秩序が現れるのですね。これは外の世界に秩序を見出す経験ですが、自分がこころに立ちあげている星の心像群に注意を集中することでもあります。こころに秩序が作り出されるということです。

まとめますと、こころは、本人が生きてきた経験のすべてです。意識はこころの全経験のうち「今・ここ」に立ち上がる心理過程です。注意は意識内容を構造化し、鮮明化しようとする意志的な働きです（図13参照）。

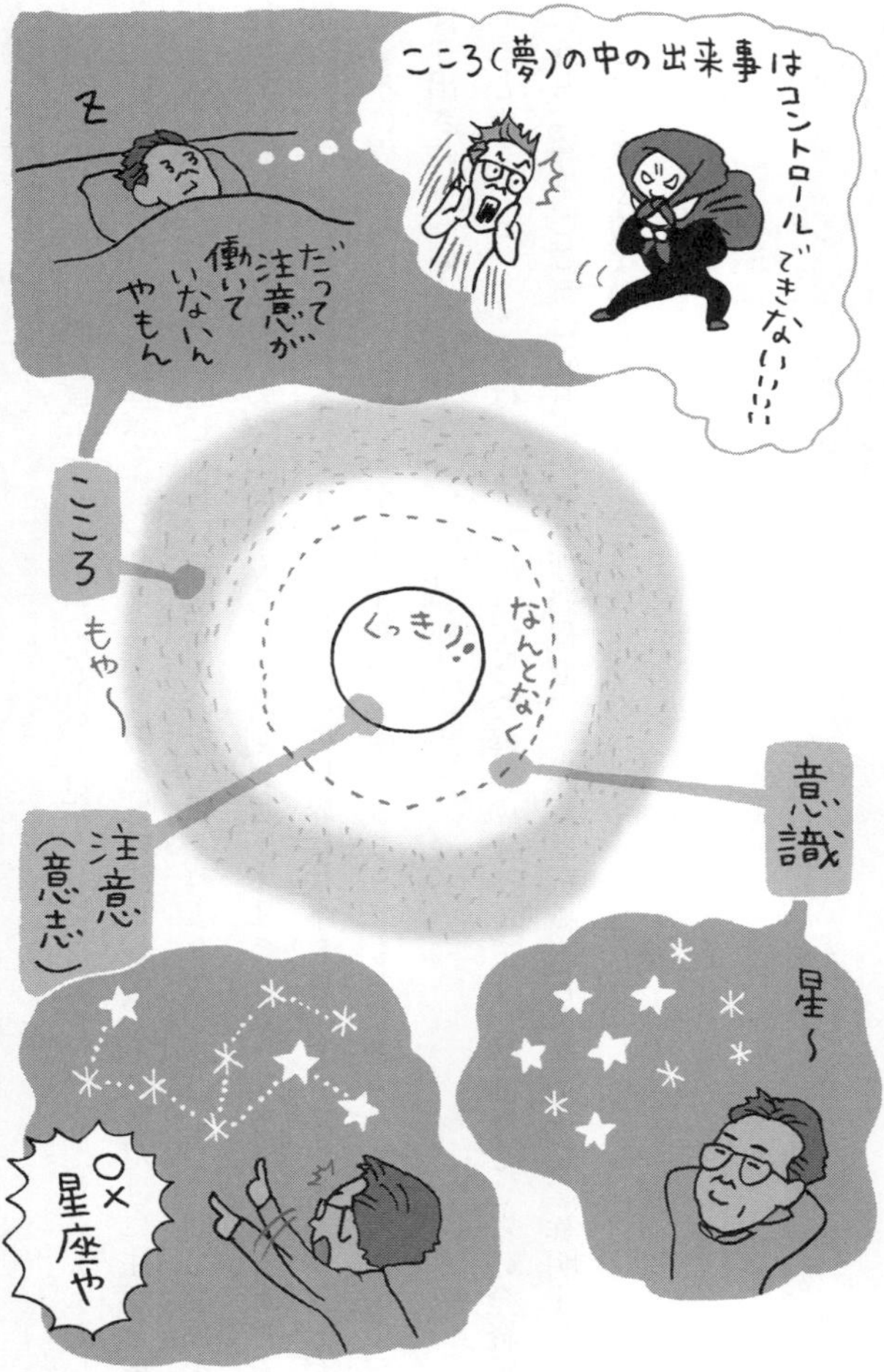

図13　こころ・意識・注意の違いの模式
こころはわれわれが経験してきたすべての心理的経験。意識はこころの経験のうち、「今・ここ」に立ち上がる心理過程。注意は意識内容をより鮮明化しようとする意志の働き。

第六章

「わたし」にしか「わたし」に気づけない

1　こころの自己回帰性

今まで述べてきた感情や心像や思いなどの心理現象の本性は、自分のこころの中で起きている現象に当の自分が気づく、という点につきます。自分が立ち上げる感情に自分で気づき、自分が立ち上げる心像に自分で気づきます。自分の心理過程に自分という心理過程が気づくのです。

ややこしくて頭が変になりそうだ、と思われるかもしれませんので、もう少し砕いてみましょう。

わたしは今、この文を書きつつ、「ああ疲れた」と感じています。「もう止めよう」とも思っています。

「ああ疲れた」はわたしの思いです。自分の感情の変化に自分で気づき、その事実を「疲れたな」という思い（言語、心像のかたまり）にしています。

こころという海にさざ波が立ちます。感情ですね。このさざ波の立ち方が、それ以前のさざ波の立ち方と異なっていると、こころはその違いを感じます。こころが立ちあげる現象の変化にこころが気づくのです。

「ああ疲れた」という感情はわたしが今、自覚する以前から持続していたのかもしれません。つまり、ずっと経験し続けていたのかもしれないのですが、その経験になにがしか変化が加わったために、今、意識化されたのです。

感覚も同じです。ある感覚を経験しているとしても、気づくとは限りません。「肩が凝る」という身体感覚がありますね。感覚性の感情の一つです。この、「肩が凝る」感じは、肩を動かす筋肉があり、肩の運動があるのですから、生理学的には誰にでも経験されているはずです。しかし、この感じを、誰もが、疲れにまつわる独特な経験と

「気づく」とは限りません。

わたしが遠い昔、ボストンで臨床修行をしていたころ、先輩の日本人脳外科医が「アメリカ人から肩が凝るなどという訴えを聞いたことがない」と言っていたのを思い出します。まあ、それはさておき、気づくのはあくまで「わたし」です。わたしが自分の経験に気づくのです。わたしとは、つまりこころです。

わたし（心理現象）がわたしの経験（心理現象）に気づく（心理現象）のです。

「ああ疲れた」と思い、続けて「疲れたからもう止めよう」と思います。

何を止めるのか。ワープロに向かって、わたしのこころの中からわたしの考えを引っ張り出して、なんとか言葉にしようとしている、現在進行中のこの作業です。わたしのこころの活動および、それと共存している右手指を主とする運動過程です。

だれが思うのでしょうか。わたしです。

わたしのこころの動き（思い）が、「もうこの仕事を止めよう」という語心像のかたまりとして経験され、意識されます。

実在する外界物についての知覚経験であっても、原理はまったく同じです。

たとえば、わたしが食卓のトマトを見るとします。この時、わたしがこのトマトの存在に気づくことができるのは、わたしのこころの中に起きつつあるトマト心像の立ち上がり過程に、その過程を立ち上がらせている当の心理過程（わたし）が気づくからです（図14参照）。

†人間も動物も「わたし」に気づく

この、「わたしがわたしに気づく」というこころの働きは、先哲たちが古くから取り上げてきた、こころの実にユニークな性質です。この性質をかりに「心理現象の自己回帰性」と呼ぶことにします。自己言及性と呼んだこともあるのですが、「言及」という言葉がこの現象をうまく言い表しているとは到底思えません。反省意識という言い方を使ってみたこともあるのですが、「反省」という語は少々手垢がつきすぎていて、価値中立的な事実表現には適さないように思います。

フランスの哲学者、デカルトはこころの本質を、ものを「考える」点にあるとし、「わたしは考える、ゆえにわたしは在る」という、誰でも知っている有名なテーゼを立てました。これは「わたしとは、わたしが考えているという状態について、考えている存在である」という意味ですよね。わたし、つまりこころは「自分が自分の状態について考える」

図14　トマトの知覚経験と実物のトマトの関係

という働きから成り立っている、という事実を発見したわけです。自己が自己に回帰するわけですね。実に大きな発見ですが、残念なことに、デカルトは考えることができるのは人間だけだ、と考えていたようです。

最近ですと、たとえばポッパーは、人間の意識の独自性は自己意識、すなわち自分が自分に気づく働きにあるとして、この自己意識を動物意識、すなわち外部の出来事に気づく働きと区別しています。自分が自分を意識できることができるのは、やはり人間だけだと言うのです。

自分を省みるのが意識だとしたら、意識は人間だけにあって、動物にはない、ということになってしまうのかもしれません。現にデカルトは動物を結構解剖したそうですが、動物が痛みを感じることなどない、と確信していたそうです。

ポッパーも、オーストラリアの神経生理学者、ジョン・エックルスとの対談の中で、未成熟の動物には意識はあるかもしれないが、成熟してくると意識を失い、だんだん自動機械になっていく、などとトンデモナイことを言っています。

「わたしがわたしに気づく」という自己回帰現象は心理現象の本質ですが、だからといって、この現象は人間だけの現象だ、ということにはなりません。こころの働きを考えるのに「わたし」とか、「考える」とか、「存在する」とか、とにかく言葉を使うしか方法がないために、こういう結論になるのかもしれません。

こころは、動物個体を統括する神経過程のトータルな活動から創発する心理現象です。バラバラの心理過程の集合ではなく、一つのまとまった現象です。つまり「わたし」という経験です。

ですから、当然のことながら、神経過程から創発する心理現象は動物にも立ち上がっているはずです。だとすれば、動物のこころにも、自分が自分のこころに気づく、という性質は備わっているはずです。

先にも引用したアメリカの心理学者ジェームズは、意識が個にしか現れない現象であることを強調した上で、その意識論の章の最後を「アリや、イカや、カニの意識が立ち上げる世界は（われわれのものとは）どれほど違っているだろう！」という文で締め括っています。動物にも意識があることを当然のことと考えていたのでしょう。

最近では、アメリカの動物学者ドナルド・グリフィンが動物にも意識がある、と強力に主張しています。

われわれ人間が動物界の一員であり、進化の長い道のりの末に、今・ここに生かされているという厳粛な事実に目を向ければ、神経系を持ち、神経過程がいのちある限り進行している動物に、心理現象が立ち上がっていないと考える方がよほど無理があります。ただ認識の限界があって、動物意識の存在を直接的に証明する手段はありません。あくまで推論にならざるを得ないのですが、動物たちが見せる複雑な身体表現を見、その表現のわれわれ人間との共通性を見れば、動物のこころに意識が立ち上がっていることは疑いようがないことだと思われます。

†主体と対象の切るに切れない関係

先ほどのトマト心像の例に戻りますと、われわれはトマトを知覚する時、何かこころの中に、ある種の超存在が住みついていて、この超存在がトマト心像を見ている、という風に考えてしまいがちですが、そうではなくて、トマト心像がトマト心像を経験しているのです。トマト心像がトマト心像に気づいているのです。

思いも同じで、「疲れたからもう止めよう」と思う時、何かわたしという存在の上に超存在がいて、この超存在が、わたしの「疲れたからもう止めよう」という思いを読みとっている、などということではなく、「疲れたからもう止めよう」という思いを立ち上げている心理過程それ自体が「疲れたからもう止めよう」という思いに気づくのです。
経験が同じ経験に向かう時、言い方を変えますと、経験が経験に合する時、意識という不思議な現象が立ち現われます。

前章のこころの話の蒸し返しになりますが、心理現象はすべて連続で、途切れるところがありません。こころの時間においてもこころの空間においても、ひたすら連続です。かたちを経験しているように感じますが、あくまでこころの世界に立ち上がるかたちですから、外の世界の事物のように、くっきりと分離したモノのかたちがあるわけではありません。

こころにおいては、もともと主体（こころそのもの）と対象（こころが立ち上げる心像）の関係は切るに切れない関係にあるのです。

こころに立ち上がるさまざまな心理現象（感情・感覚性心像・超感覚性心像・語心像・思いなど）は、すべて、「わたし」であると同時に「わたしの対象」なのです。

この主体と対象との切るに切れない関係、あるいは自己回帰性をいったいどう理解すればよいのでしょうか？

うまいたとえを思いつきませんが、メビウスの帯というのはどうでしょうか。帯を一回ひねってつないでおきます。すると、この閉じられた物体では、表側をたどっていくと、いつの間にか裏側に行きついてしまいます。表と裏は別のはずなのに、結局は表が裏で、裏が表になってしまうのです。自分と、自分が見ている対象とは別物だと思っていたら、実はそんなことはなくて、自分は対象であり、対象は自分なのですね。

あるいは、特別な球体と捉えてみるのはどうでしょうか？

思考実験にすぎませんが、無限に薄くなり、無限に膨張できるゴム風船が存在するとします。その中に、いつまでもガスを出し続けることができる、発酵性の物質が入っていると仮定します。ガス量が少ない時は小さな風船ですが、ガスが増えてくると、だんだん大きくなります。ガス量が少なくても風船は風船で、球体を保っています。ガス量が増えて大きくなっていっても、やはり球体です。いくら大きくなってもゴムは対応して薄くなり、ガスを抱え続けます。サイズに関わらず、風船の中はいつも均質なガスに満たされています。

でも、これだとガスのほかに袋という入れ物を想定しなくてはなりませんね。これではまずいので、このゴムの袋は無いことにして、ガスが自律的に球体の形式を取り続ける働きを持っていると想像してみます。

ガスは物質ですから、物質を使って心理現象を表現するのはどだい無理な話ですが、想像してみてください。こころの何でもありの創像の力（前章参照）を借りての想像です。自分でガスを産生し続けるだけでなく、その時その時発生するガスの小さなかたまり自体、常に球体を取り続けるとします。そして、ガス全体としても、この性質を発揮して球体を保ち続ける、と考えてみます。四方八方へ拡散せず、中心へ中心へと、ある力で引っ張られつつ、同時に膨張し続けます。ガスは、常に自分の本来の性質（球形になるという性質）を維持しつつ、増え続けます。

心理現象は、このガスのような性質を持っているのではないでしょうか？ この全体としての球体が、総体としてのこころ、つまり、わたしという経験であり、新たに発生し続けるガスの小球体が、立ち上がり続ける新しい経験です。

「わたし」という経験は、経験（心理現象）を経験する（心理現象）働きです。つまり、自己回帰の働きです（図15参照）。この自己回帰感情はコア感情に始まります。コア感情が情動性の感情となり、感覚性の感情となり、感覚性の心像となり、超感覚性の心像となり、語心像となり、思いとなって、増え続け、広がり続けているのです。ですから、どこまで広がっても、自己回帰性（球性）を失うことはありません。コアから発してこころ

図15　こころの自己回帰・こころの完結性の概念図

（球全体）を包み、同時にまたコアへ収斂する感情、これが「わたし」という摩訶不思議な経験です。

ですから、「わたし」はこころのどこかに住みついている特別な存在などではありません。こころそのものです。経験すべてを包みこむ、こころというまとまりの心理現象がまずあって、このまとまりが時々刻々立ち上がり続ける、いわば部分的な心理現象（感情・心像・語心像・思いなど）をまとまりの中へ組み込み続けているのです。

生物現象を考える時には、常に全体（まとまり）と部分という難しい問題が立ちはだかりますが、心理現象にも同じ問題があります。ただ生物の場合は個体という目に見える全体がまず存在するわけで、全体のほうが分かりやすいのですが、心理現象の場合は、むしろ部分（個別の経験）のほうがまず自覚され、全体は見えにくくなっています。

2　こころの完結性

こころの特徴は「完結性」にある、とも言えます。自己回帰性がその本質ならば、当然完結性もその中に含まれるのですが、そこはお許しをいただいて、改めてこの側面を考えてみます。

完結性というのは少々変な表現かもしれませんが、こころは常にそれだけで一杯、常に満たされている、という意味です。

運動ニューロン病という難病にかかって、車椅子を離れることのできなくなったからだを持ちながらも、宇宙の端まで見通すことのできるスティーブン・ホーキングのような天才科学者のこころも、一生かけてひとつの厖大な想像世界を構築し続けたマルセル・プルーストのような大作家のこころも、わたしのような凡人のこころも、意気ようようとランドセルを背負って登校する小学一年生のこころも、生まれたての赤ちゃんのこころも、みんなそれぞれその人のこころは完結していて、こころの中はそれぞれ一杯に詰まっています。

その人その人のこころが他人と比べて、常に一杯なのとまったく同じ意味で、一人ひとりのこころは時間にかかわらず常に一杯です。たとえば、わたしのこころを考えてみても、寝ている時のこころも、夢見ているときのこころも、起きてぼんやりしている時のこころも、仕事に集中している時のこころも、どんな時でも、その時々で一杯なのです。

当たり前過ぎて言わずもがな、のような気もするのですが、これはこころの働きを理解する上で、非常に大切な事実です。

†神経が壊れてもそれ相応のこころがすべて

たとえば、きわめて重篤な健忘症の人がいるとします。この人は、自分が物忘れしやすく、つい最近の出来事さえもまるで覚えられなくなっているのですが、その現実に「気づく」ことはありません。

まわりからみるとひどい物忘れ状態なのに、なぜ本人はそのことに気づかないのでしょうか？

本人のこころに「俺は物忘れしやすくなっている」という思いが立ち上がらないからです。物忘れする、という自分のこころの状態への気づきが生まれないからです。というか、生まれようがないのです。「気づかない」のではなく、「気づくべき」心理現象がそもそも立ち上がっていないのです。

強い物忘れ状態にあっても、モノは見えます。音は聞こえます。会話もできます。食事も食べられます。服も着替えられます。便所も行けます。いろんなことができます。この人なりに、感情や感覚性心像や超感覚性心像や語心像や思いで、こころは一杯なのだと考えられます。

突然また神経の話をしますが、出来事の記憶を「今・ここ」に意識化するには、大脳深部に位置する海馬とそれを取り巻く海馬傍回と呼ばれる領域を中核とするニューロン・ネットワーク（第三章で紹介した中間層神経系の最上層部）の働きが必要なことが分かっています。重篤な健忘症ではこの領域が破壊されてしまっていることが多いのです。

こころは神経過程に共存する心理過程ですから、たとえ中枢神経系に相当広範な破壊が起きたとしても、残された神経過程の活動によって、それ相応のこころが立ち上げられます。しかし、このこころは、破壊された神経過程の活動に共存するはずの心理過程に関しては、まったく預かり知るところがありません。残された、つまり今活動する神経過程から創発するこころがその時の、その人のこころのすべてなのです。壊された神経過程に共存するはずのこころは、そもそも立ち上がりようがありません。

われわれ専門家は、健常なこころの働きを判断の基準にして患者に接してしまいがちです。というか、患者の健忘症発症前のこころを基準にして、その人のこころの状態を判断してしまいますから、このようなひどい物忘れ状態の人に接すると、なぜこの人は自分が物を忘れていることに気がつかないのだろうと考えてしまいます。そして、自分の能力低下に気づかないこと自体も病気と考え、「病態失認症」などという名前を付けてしまいます。自分の異常状態が分からなくなっているという異常な状態と考えるわけです。

でも、実はこの状態は「いろいろ思い出せなくなっている」という状態ではなくて、そもそも「昔のことを思い出す」という「思い」自体が立ち上がらない状態なのです。

当人にとっては、思い出さないのが自然なこころの状態なのです。その証拠に、この人たちが、自分から進んで、物が覚えられない、なんとかしてほしい、なんか治療法がありませんか、などと訴えることはありませんし、自分の記憶力低下を苦にして落ち込んでしまっている、などということもありません。むしろ機嫌よくしているのが普通です。ただし誤解のないように付け加えますと、以上は、あくまで重篤な健忘状態についてのお話です。

こころは神経過程から創発します。神経過程が無ければ何も創発しません。正常かどうかは別にして、創発するこころは創発するこころにだけ回帰し、経験を作り出していきます。それだけで完結しているのです。

†「気づく」も「気づかない」もない状態

もう一つ別の例を紹介しましょう。

やはり、脳損傷でよく生じる気づきの障害に「左半側性空間失認」と呼ばれる病態があります。ほとんどの場合が右大脳半球の大きな損傷で生じます。

自分の目の前の世界のうち、左側にあるものに気がつかなくなってしまうのです。

こういう人は自分の前方の右側にいる人の存在に気づいても、前方の左側にいる人には気づきません。

食事のような大事な行為でも、右側に置いてあるものは食べても、左側に置いてあるものは食べないままで、ご馳走さまにする場合すら報告されています。

大きなＢ４サイズの紙に人物像だとか花だとかを描いてもらうと、左側が欠けた図を描いて平然としています。

同じように、紙の上に横に長く一本の線を引いておいて、その線の真ん中に印をつけてもらうと、印は大きく右側にずれ、それで終わりです。

このような自分の前方の左側空間にあるものへの気づきの障害は、外の空間の出来事に対してだけ起こるとは限りません。

当人が、よく慣れ親しんでいる風景の思い出し能力、つまり想像空間においても起こることがあります。

たとえばイタリアからの研究報告ですが、ミラノの住民である患者に、ミラノ大聖堂前広場の様子を思い出してもらい、その思い出し空間の右側にある建物と、左側にある建物を列挙してもらいますと、前方、右側のものはかなり正確に思い出すことができたのに、前方、左側のものはあまり思い出せなかったそうです。

この研究は念が入っていて、同じ患者に大聖堂正面に向かって立っている場合と、大聖堂を背にして立っている場合を想像してもらい、それぞれの想像空間での思い出し具合を聞いていますが、どちらの場合も本人の左側となる建物の思い出しが悪かったといいます。

この場合も本人が、自分の「左側のものに気がつかない」などという訴えを自らすることはありません。自分の左右に広がっているはずの空間のうち、右側空間の視覚性心像だけが意識に呼び出されていて、それがその人のその時の経験のすべてになっています。それでその時のこころは完結しています。

こんな時、神経過程と心理過程はどんな関係になっているのでしょうか。

右大脳半球を最上位とする神経系からは、左大脳半球を最上位とする神経系を欠いた状態でも、空間意識が創発するようです。この右半球性の空間意識は、自分の前方の左右の空間に対して不均等な立ち上がり方をするようで、前方左側に広がる空間で起きる出来事への意識はかなりしっかりしていますが、右側に広がる空間で起きる出来事への意識は弱くなっています。

一方で、左大脳半球を最上位とする神経系だけでも、空間意識が創発するようですが、こちらは自分の右側空間に対する意識がはっきりしているものの、左側空間への意識はほとんど立ち上がらないようです。通常は、この二つの神経系は統合されていて、この統合神経過程に共存して、左右に広がるひとつの空間意識が立ち上がっています。

もし、右大脳半球を最上位とする神経系が大きく壊れて、右半球性の空間意識を立ち上げられなくなったとしますと、この人の空間意識は、左半球を頂点とする神経過程だけから創発することになります。そうすると、自分の右側空間の事物や出来事は意識されますが、左側空間の事物や出来事は意識されないことになってしまいます。

ですから、「左半側性空間失認」という「異常」は、観察者にとっては異常ですが、当の本人にとっては、異常でもなんでもなく、右優位の、その時の空間経験が当たり前の空間経験なのです。左空間を認知しそこなっているわけでも、左空間の事物に気づかないわけでもありません。こころが経験しないものに気づかないのは、まったく当たり前のことで、気づくも気づかないもないのです。観察者からみると「左半側性空間失認」ですが、本人にとっては、その右偏りの空間が「正常の」空間経験なのです。ほかに比較すべき空間経験はありません。

†分離脳ではこころも分離

こころの完結性という考え方を理解するために、どうしても紹介しておきたい病態がもうひとつあります。「分離脳」です。「分離脳」とは、左右大脳半球を連絡する神経線維が人為的に切断された状態をいいます。

左右の大脳半球をつなぐ神経線維には、脳梁と呼ばれる神経線維の束と、前交連と呼ばれる神経線維の束があります。脳梁と前交連を合わせ、両半球をつなぐ神経線維（交連線維と呼ばれます）の数は、およそ二億とも四億とも推定されています。

交連線維の半分は、左大脳半球皮質に起始部（細胞体）を持つニューロンの軸索で、反対側の右大脳半球の皮質にまで伸びています。後の半分は右大脳半球皮質のニューロンの軸索で、左大脳半球の皮質に伸びています。

脳梁や前交連の部分的な損傷は脳梗塞や脳外傷などさまざまな原因で起こりますから、わたしにもいささかの経験はあるのですが、このような場合は、同時に大脳実質も多かれ少なかれ破壊されてしまうのが普通です。

これから紹介するのは、こうした自然疾患と違い、外科手術でこの交連線維を切断した時の話です。手術ですから、半球実質内に大きな破壊が起きることはありません。

交連線維の切断術は、通常の薬物治療で治療効果が得られない、重篤なてんかん発作を抑えるために開発された手術で、一九四四年ごろ米国で始められました。

わたしには、個人的な経験がないため、文献に頼るしかないのですが、この手術後に、非常に不思議な心理状態が生じることが明らかにされています。

どういう状態なのでしょうか。

手術後、本人になにか重篤な神経症状が出ることはありません。麻痺やしびれや物忘れなど、術前と違う症状は何も出ないようです。

それどころか、治療の目的であったてんかん発作の回数が劇的に減り、本人は大満足なのです。

本人に尋ねても、それ以外、特に変わったことはないと、言います。

実際、初期の手術例を検査した心理学者は、特に異常な心理症状は出なかった、と報告しています。ところが、その後しばらくして、前にも引用したスペリーという心理学者のグループが、米国の別の施設で交連線維の切断手術を受けた人たちを詳しく調べたところ、実にとんでもない異常が見つかり始めたのです。

具体的な検査手順はややこしすぎるので全部省略して、結論を先に言ってしまいますと、分離脳患者のこころは、なんと二つに分離していると考えるしかない状態になっていたのです。

まず抑えておかなければならないことがあります。すなわち、交連線維を切断しても、左右の大脳半球はそれぞれ、その下位に位置する間脳、脳幹、および脊髄とはつながったままですから、これらの領域を介して左右の大脳半球の神経過程はつながっています。大脳半球同士も、全部の交連線維が切断されるわけではないので、ある程度はつながっています。

ただ、左右の大脳半球は、お互いをつなぐ主だった連絡路を失いますから、機能的には左半球大脳皮質を最上位とし、間脳以下はそれまで通りの中枢神経系と、右半球大脳皮質を最上位とし、間脳以下はそれまで通りの中枢神経系と、二つの中枢神経系が同時に活動する状態になります。

この左右二つの神経過程のどちらからもこころが創発していて、しかもお互いのこころの内容を知ることは無いらしい、という驚くべき事実が発見されたのです。

ここがスペリーたちのすごいところですが、彼らは分離された大脳半球の、どちらか一方だけに、認知課題を入れ、その課題をやってもらう、という実験を工夫しました。

交連線維を切断してしまうと、右手と右視野は、反対側の左半球とはつながっていますが、右半球とはつながらなくなります（完全にそうなってしまうのではなく、右手と同じ側の右半球とのつながりもあるのですが、わずかです）。逆に左手と左視野は、反対側の右半球としかつながらない状態になります。

ですから、右手や右視野に何か課題を与える（右手にリンゴを持ってもらい、名前を尋ねる。あるいは右視野にだけリンゴの絵を見せて名前を尋ねる、など）と、左半球を頂点とする神経過程が活動し、この神経過程と共存する心理過程（こころ）が触覚心像や視覚心像や語心像を動員して、名前を言う、という課題をやりとげることになります。これはＯＫでした。どんな課題を課され、どんな答えを出しているのかもすべて意識しています。

今度は、左手や左視野に何か課題を与えます。具体的には、左手にリンゴを持ってもらい、名前を尋ね、あるいは左視野にだけリンゴの絵を見せ、名前を尋ねます。

すると……。

左手のリンゴに対して、正しい名前が返って来ないのです。まったく答えないのではなく、答えは返ってくるのですが、間違っています。左視野に見せたリンゴの絵に対しても、反応は同じで、名前を言ってはくれるのですが、間違っています。

右大脳半球を頂点とする神経過程に共存するこころは、正しい触覚心像や正しい視覚心像を立ち上げるのですが、これらの心像は対応する語心像を立ち上げることができないらしいのです。

なぜなら、語心像経験というのは、左半球を頂点とする神経過程から創発するこころの働きなのです。右半球系の神経過程は語心像を創発しないのですね。

じゃ、なぜ間違いとは言え、名前を言うのか？　黙っているほうが自然ではないのか？という疑問が湧きますが、名前を言っているのは左半球を頂点とする神経過程に共存するこころなのだと考えると、説明がつきます。左半球系神経過程に共存するこころが、右半球系神経過程に共存するこころが立ちあげているリンゴの視覚心像を経験できないまま、名前を要求されて、勝手にしゃべっているのです。

右半球性のこころは、語心像を立ち上げることができず、そのためしゃべることはできないので、沈黙の半球と呼ばれることがあります（語心像と発音能力の関係については第二章を参照）。

左手のリンゴや左視野のリンゴに正しい名前はつけられないものの、右半球性のこころの触覚心像の立ち上げ能力や視覚心像の立ち上げ能力は正常です。それどころか、顔やシーンなどの視知覚能力に関しては、左半球性のこころよりも優れていることが分かっています。感情経験も左より豊富なのではないか、と言われています。

さらに興味深いのは、右半球性のこころは、言語能力が左に比べて劣っているだけでなく、「今」経験しつつある自分のこころの内容を意識する力においても、左より劣っているようなのです。

なんとも不思議な事態です。

左半球性神経過程から創発するこころは、われわれと変わらない普通のこころと考えられますが、右半球性神経過程から創発するこころは、感情が動き、感覚性心像や、超感覚性心像もしっかりと立ち上がっているものの、言語能力は十分に立ち上がらず、しかも、これらの経験が意識化されないなど、われわれが経験する普通の意識状態とは性質が異なっている可能性があります。

いずれにせよ、手術が作り出した分離脳状態では、一人の人間の中で、二つの異なるこころが同時に活動していることになります。そしてこの二つのこころはそれぞれ完結しています。どちらかのこころがどちらかのこころに影響を与える、ということはないようなのです。

心理現象は神経過程から創発し、神経過程と共存します。一つのからだであっても、二つの高次の神経過程が相互に干渉なく活動できる、などという特殊な条件が生じた場合、それぞれの神経過程からそれぞれ別のこころが創発する可能性があるのです。

第七章　こころは常に揺れている

過去もこころの「今・ここ」にある

こころは神経過程から創発し、神経過程と共存します。神経過程が進行する時、同時に心理現象が立ち上がります。

この「立ち上がり」をわれわれは毎日毎日経験しています。目覚めはこころの立ち上がりです。居眠りからふと寝ぼけ眼をこすって周りを見回す時も、こころが大あわてで立ち上がっています。夢もこころの立ち上がりです。

こころは「今・ここ」にしか立ち上がりません。それ以外にこころの存在様式はありません。

それも、誰かに自分のこころを立ち上げてもらうわけにはいかないのです。自分で立ち上がるしかありません。ここにひとつの疑問が生じます。

もしも、こころが「今・ここ」にしか立ち上がらないものならば、こころは「今・ここ」のことしか経験できないことになるではないか？

なぜわれわれは過去を思い出すことができるのか？

過去は過ぎ去ってしまっています。出来事は起こってしまっています。なのに、どうして過去を経験できるのか？

この答えは簡単です。

こころはこれまでの経験をすべて今に持ち越しているからです。すべての経験は「今・ここ」で意識化準備状態にあり、いつでも立ち上がれる状態にあるのです（第五章参照）。

過去の出来事はそのままの状態で神経系のどこかへ物質化されて貯蔵され、そこから引き出されてくるのではありません。すべての過去は「今・ここ」にあります。普段は意識化されないだけなのです。

われわれは、生を受けて以来、「今・ここ」に至るまでの時間を生き続けていますが、その生きた分のすべての経験は今に持続しています。この「持続」が生命体の「今」なのです。

持続は圧縮された時間、と言い換えることができます。思い出すというのは、この圧縮された時間をほどき、意識化することです。このほどき（展開）の過程がこころの立ち上がりです。

†こころの構造の復習

こころはこころなりの、つまり神経過程とは違う独特の構造を持っています。復習しますと、われわれの経験はコア感情（意識されない感情）とアクション（心理過程）に始まります。

コア感情とアクション（心理過程）がこころの基層を作り、その上に、情動性の感情や感覚性の感情の層が立ち上がり、その上に、感覚性の心像や超感覚性の心像の層が立ち上がります。さらにそれらの経験をまとめて語心像の層が生み出されます。語心像を操ることで、われわれは意識的に思ったり、考えたりすることができるようになります。思い（あるいは考え）は、外の事象の知覚経験（外の事物の心像化）だけでは生じません。心像の母胎であるコア感情（主体）と、こころが生み出す心像（対象）が関係づけられて初めて、「思い」が芽生えます。

コア感情に乗って感情が、感情に乗って心像が、心像に乗って語心像が、語心像に乗って思いが……という立ち上がりの全過程が「今・ここ」で始まり、「今・ここ」で完成します。

たとえば、わたしは今、パソコンの右手に赤鉛筆を置いています。それをふと見た時、その赤鉛筆の存在に気がつきます（意識します）。この時、赤鉛筆というひとつの切り離されたかたち、ひとつの独立のかたちが前からそこに存在していたものとして意識されるのでしょうか？　物理事象としてはその通りですが、こころの働きとしてはそうではありません。

わたしが気がつく前の赤鉛筆は、わたしの視野に入るすべての事物とともに、ぼんやりした感情（視覚性感情）の凝集としか経験されていません。わたしの注意がこの事物を捉えたとたん、「今・ここ」にある赤鉛筆という視覚性のかたち（感覚性心像）が立ち上がります。さらにこの視覚性のかたちの経験に合わせて、他の感覚性の経験が立ち上がり、超感覚性の「赤鉛筆」概念が経験されることになります。

経験は過程です。現在進行中です。固定したかたちがこころのあちこちに貯められているわけでも、あちこちにピンで止められているわけでもありません。注意が赤鉛筆を外れると、「赤鉛筆の視覚性心像」は前段階の視覚性感情の凝集状態に戻ります。

†すべては意識の準備状態にある

外の事物の存在を意識が捉える時、何が起こるのでしょうか。

全視野に入っているはずの外部の出来事を演劇やバレエなど、舞台上で演じられている出来事にたとえ、注意をスポットライトにたとえて、スポットライトが照らし出しているところだけがはっきり見え、照らし出していないところはぼんやりしか見えない、と考えるのが一般的です。

現にわたしもずっとそのアナロジーで注意と意識の関係を考えてきましたが、これってどうも違うのではないかと思うようになりました。このアナロジーですと、意識には、登場人物（心像）も舞台装置（空間経験）も全部できあがった状態で存在しており、注意はただその存在をはっきりさせるだけの働きだということになります。

そうではないのです。

注意は、対象（こころの中の対象、つまり心像）を強く意識することによって、今経験しつつあることがらをより一層鮮明に経験しようとする働きです（第五章参照）。こころの中に、よりしっかりと安定した心像を立ち上げようとするのです。既に在るもの（舞台上のもの）を、その在るものとは別のところに在るもの（光源）で照らし出すなどということではなく、意識準備状態にあるものをよりはっきりと意識化する働きです。

これまでに経験した心像や思いは、完成した心像群として、書庫の本棚に収められた書物のように、心像そのままの状態でこころのどこかに存在しているのではありません。すでに経験した心像や思いであっても、すべて「今・ここ」に新しく立ち上げられ、新しく意識されるのです。心像はモノではなく、過程なのです。こころに固定したものは何もありません。すべては経過します。

感情も心像も思いも、すべての心理現象（＝経験）は「今・ここ」に立ち上がるしかありません。立ち上がって、「今・ここ」を生きた後は、再び感情や心像の大海へ退場します。だからといって決して消えるわけではありません。その退場した状態で持続します。

†一つ一つがその場で発生する

このような意識過程の理解の仕方を現在発生 actual genesis と言います。こころが意識の「今・ここ」で発生する、という意味です。最近では、もっぱら微小発生 microgenesis と呼ばれています。こころの一つ一つの経験が、その場で小さく発生するという意味が込められています。

もともとはオーストリアの発達心理学者で、後、米国へ移住したハインツ・ウェルナーによって提唱されました。

ウェルナーは、こころを展開の過程と捉えました。ちょうど、つぼみがほころんで花が開くように、こころもほころぶと考えたのです。こころの展開は一秒、あるいはもっと短い時間に完成する、とウェルナーは言っています。モノの知覚であろうと、モノの概念であろうと、さまざまな思いであろうと、すべての心理現象は、その最初の発生段階(コア感情の状態)から完成の段階(意識される状態)までが「今・ここ」で花開く、と考えるわけです。

このこころの微小発生説を、十分な説得力を持って肉づけしたのは、前にも紹介したブラウンです(第二章参照)。

ブラウンによると、コアから、「意識化以前の意識」が立ち上がり、次いでこころの中の出来事の意識が立ち上がり、次いで外の世界の出来事の意識が立ち上がります。わたしのここまでの言い方ですと、彼の言うコアと意識化以前の意識がコア感情にほぼ相当し、こころの中の出来事の意識が感情にほぼ相当し、外の世界の出来事の意識が心像にほぼ相当します。彼はこの過程（微小発生）が〇・一秒から〇・二秒で完成すると主張していま す（ウェルナー説より短いですね）。この小さな立ち上がり過程が次々と重なり合って進行するわけです。

残念ながら、こころの微小発生説は広く受け入れられている考えではありません。広く受け入れられている考えの代表は、おそらくジェームズのものです。ジェームズは意識を流れと捉え、連続する意識がこころの最上層を流れていると考えました。

意識を内省してみると、確かに連続したものに感じられます。

しかし、実際の意識は絶え間ない連続などでは無いのではないでしょうか。

たとえば、映画の原理がそうですが、一秒間一六枚の不連続の絵を次々と見せられれば、そこに自然な動きが連続的に起きているとしか感じられません。

視覚経験と意識そのものを単純には比較できないかもしれませんが、こころが立ち上がり過程の連鎖であったとしても、その事実をわれわれは自覚できないのです。

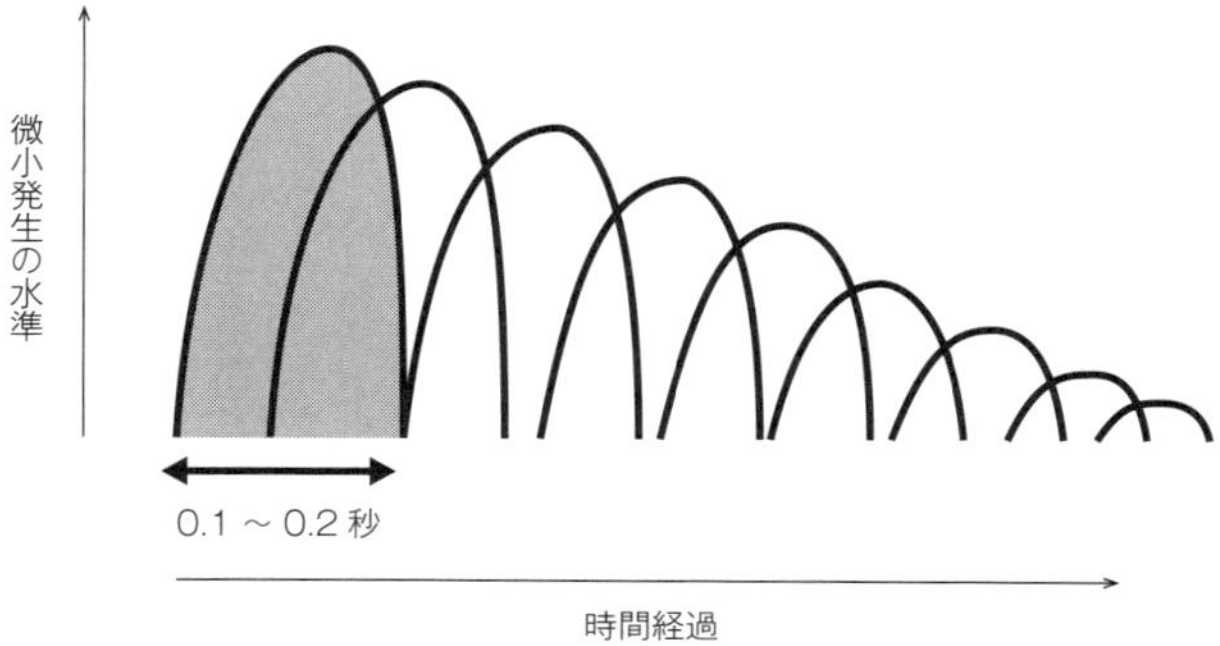

図16　ブラウンの意識の微小発生概念図
意識はコア（図の底辺）から瞬間に立ち上がり、頂点部で意識され、また消えていく。この過程を繰り返す。（Jason W. Brown: Self and Process. Brain States and the Conscious Present. Springer-Verlag, 1991, p59, Figure 4.3. をもとにして作成）

ブラウンは、この次々に立ち上がる意識の微小発生を、渚に打ち寄せる波頭にたとえています。

渚にはいつも波が休むことなく打ち寄せています。渚に達した波頭はそこで崩れ落ちますが、崩れる前にすでに新しいうねりが近づいています。意識も同じで、現在の意識内容が完成する前に、次に続く意識内容がすでに立ち上がり始めています。こころの「今」は波頭が立ち上ってしまった瞬間に既に過ぎ去り、次なる「今」がもうすでにうねりとなって押し寄せています。

つまり、われわれの経験する意識の連続性は流れの連続性というより、次々と立ち上がってくる波の重なりに近い連続性なのです（図16参照）。

少し分かりにくいかもしれませんが、いのちというものの特別な性質を考えますと、ジェームズ説より、ブラウン説のほうがわたしは好きです。好き嫌いの問題かよ、と思われるかもしれませんから、少々言い換えますと、この考えのほうがわたしには納得できます。

†あちこちで立ち上がるから集中は難しい

こうした意識の小さな立ち上がりは自発的なものですから、こころのあちこちで同時に進行しています。

その証拠に、われわれはひとつのテーマに集中すること、言い換えると、ひとつのテーマで意識野を満たすことが苦手です。常に意識野のあちこちに、その時考えようとしていること（たとえば何かを思い出そうとする）、あるいはその時捉えようとしていること（たとえば誰かの言葉を聞き取ろうとする）とは別の、それもまったく無関係な思いが浮かんできて、こころの作業を妨げます。こころでは（わが意図にかかわらず）複数の思いが、「今・ここ」という現場で「微小発生」しているのです。こころの深みから上昇してくる思いの断片が、浮かんでは消え、浮かんでは消えを繰り返しています。

瞬間発生することで、圧縮され持続するこころの時間が「今・ここ」というこころの現場に展開され、意識化されます。圧縮が解かれるのです。

†いのちの歴史はつながっている

ここで、いのちと時間の関係を、別の側面から考えてみましょう。

いのちは時間を基本的な属性とする現象です。時間なくしていのちはあり得ません。このことを誰よりも早く、誰よりも鋭く見抜いたのはチャールズ・ダーウィンでした。ダーウィンは著書『種の起源』に、たった一枚だけ図を入れています。この有名な「いのちの樹」の図は、地球上の生命現象のすべてが、共通の祖先に由来することを示しています。すべての生命体はたとえどんなに異なった外形を持つに到ったとしても、もともとは一つなのです。すべては一つから展開しました（図17参照）。

生命体が出現して四〇億年の年月が経過しました。その間、いのちは決して途切れることなく続いてきました。その間にさまざまな種が出現し、さまざまな方向に進化して、全地球上を生き物で覆い尽くしてしまいました。現在、地球上の生物種の数は八七〇万を超えるそうですが、そのすべての種は、起源を四〇億年前まで遡ると、ただ一種のかなり単純な生命体にたどりつく、という壮大とも単純とも言える考えを、ダーウィンは提出しています。

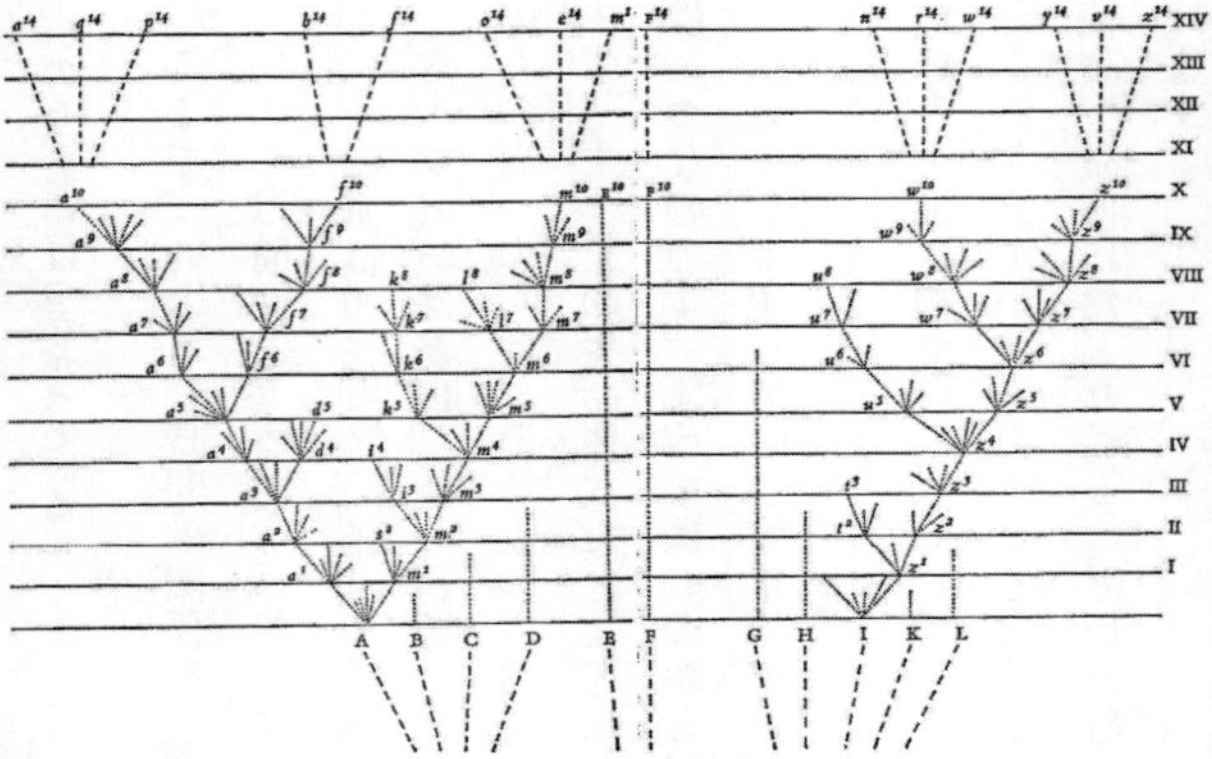

図17　ダーウィンの「いのちの樹 Tree of Life」
下段のＡからＬの祖先種が世代を経て変化し、新種を作り出していくありさまを表している。ダーウィンはこのＡからＬのさらに祖先は共通の生命体に遡れるはず、と考えた。
(Charles Darwin: The Origin of Species. Penguin Classics, 1968, p160. 原著1859)

たとえば、わたし、という一人の人間を考えてみますと、わたしのいのちはこの四〇億年前の生命体とつながっています。一度でも切れたら、今のわたしは存在し得ないのです。

始原の生命体がどうやって発生したかはさておき、始原の生命体に息づいたいのちがわたしのなかに今も息づいているいのちであることは間違いがありません。なんという不思議でしょうか。

ダーウィンは進化論を確立し、その仕組みを明らかにしたわけですが、彼の著書に進化と題したものはありません。彼の著書には、たとえば、「種の起源 The Origin Of Species」とか「ヒトの由来 The Descent

Of Man」とかいうタイトルがつけられていて、生命起源の共通性を強調しています。形態の進化だけが生命体の特徴であるわけではなく、時間的な連続性もいのちの重要な性質なのです。時間的な連続こそがいのちの本質であることは、同じ体形を一億年以上も保ち続けているシーラカンスのような魚や、生命始原期の形態を保ち続ける古細菌や藍藻などが今も生きていることからも明らかです。

いのちは、自然との長い長い相互作用の中で、実に多様な生き方を選択してきました。その生きざまの差が種となって世に現れています。ヒトは四〇億年をかけて、今の姿になったわけですね。でも、サルもイヌもカメもヘビもサメもタコもやはり四〇億年をかけて今の姿になっています。われわれと同じ年月を背負って「今・ここ」に生きています。

たとえば、犬ですと、犬は熊や猫などとの共通の祖先から、たぶん四〇〇〇万年くらい前に分かれ始め、七〇〇万年ぐらい前には現在の祖先が現れたようです。われわれヒトの場合ですと、今いるサルたちとの共通の祖先から六五〇〇万年くらい前に少しずつ枝分かれを始め、四〇〇万年から二〇〇万年くらい前に今のヒト属の祖先が現れたと言われています。その後も変化を続け、二〇万年くらい前に、現生人類の祖先がアフリカに出現します。

この、犬なら犬の祖先と考えられる動物が、いかにして現在の犬に進化してきたのかという道筋を犬の系統発生と呼びます。見方によりますが、犬の系統発生は四〇〇〇万年、ヒトの系統発生は六五〇〇万年くらいかけて進行した、というふうに考えるわけです。

†個体発生の歴史は細胞に刻印されている

このように、今生きている動物のいのちはすべて四〇億年の歴史をつないでいますが、個体の歴史だけに注目しますと、その歴史は卵子と精子の融合、すなわち受精卵の成立に始まります。精子の卵細胞内への侵入をきっかけに、このたった一つの細胞が成体への道を歩み始めます。

われわれヒトの場合ですと、受精後ただちに細胞分裂が始まり、ひとつの受精卵が分割して二つになり、そのそれぞれが分割して四つになり、そのそれぞれが分裂して八になり、と倍倍ゲームで細胞を増やしていきます。最初は同じ種類の細胞の塊ですが、そのうち、細胞にそれぞれ特有な性質が表れてきます。そして、それぞれ少しずつ違う性質を持つようになった細胞群が三つの層、すなわち、内胚葉・中胚葉・外胚葉と呼ばれる細胞集団を形成します。胚葉の胚というのは生物学用語で、まだ未分化の細胞のかたまりを言います。

この内胚葉・中胚葉・外胚葉の細胞が、それぞれさらに分裂を繰り返し、さまざまな臓器に特有な性質を表すようになります。それにつれて元の細胞（幹細胞）が持っていた、どんな臓器細胞にも分化できる能力がどんどん弱まり、その分、臓器の機能に特化した細胞が増えていきます。

ヒトの諸臓器は受精後一六週間でほぼその原型ができ上がるそうです。しかし、まだまだ成熟には時間が必要で、胎児が母体を離れてもよい状態になるまでには三九週間が必要です。

完成したからだには、いったいどれくらいの細胞があるのでしょうか。だいたい三七兆個ぐらいだそうです。

ただ一個から始まって、三七兆個です。この過程が、自らのＤＮＡに組み込まれたプログラムに基づいて、自ら始まり、自ら完成します。

このような受精卵に始まる個体形成の過程を先の系統発生に対して、個体発生と呼びます。

個体のさまざまな臓器のうち、神経系の発生を少し詳しく見てみましょう（第三章参照）。神経系は内・中・外の三胚葉のうち、外胚葉から発生します。

まず、外胚葉から、神経管と神経管の上に乗っかった神経堤という二つの構造ができます。神経管の管腔のまわりを神経管上皮細胞がとり囲みます。ついで、神経管上皮細胞から神経芽細胞ができ、外側へ外側へと移動していきます。移動する神経芽細胞は、さらに分裂して、中枢神経系内のニューロンや運動ニューロン（遠心ニューロン）になります。神経堤からも神経芽細胞ができ、身体各部に広がる感覚ニューロン（求心ニューロン）になります。

最終的に、神経系を構成するニューロン数は一〇〇〇億個に達します。長い間、ニューロンはいったん作られると、それ以上は増えず、年齢を重ねるにつれ、どんどんその数を減らしていくだけ、と信じられてきました。わたしも神経学を勉強し始めた時には、ニューロンとはそういうもの、と理解していました。ところが、最近の研究によれば、大脳の一部ではニューロンの新生が一生続いていることが明らかになっています。

神経系は生涯、変化を続けているのです。

われわれはひとつの受精卵から発生して、三七兆個の細胞（うち千数百億のニューロン）からなる一つのからだとなり、このいのちを「今・ここ」に生きています。というか、いのちに生かされて「今・ここ」に在るのですね。

長く言えば、四〇億年のいのち（生命進化の全歴史）が今のわたしに現れているのであり、もう少し短く言えば七〜八〇〇〇万年のいのち（霊長類の系統発生の全過程）が今のわたしの背景をなしているのであり、うんと短く言えば七八年のいのち（個体発生の全過程）が今のわたしを生きています。


このように、個体はその年齢に応じ、その年齢分だけの個体発生の歴史を今に持ち越しています。それは生まれたばかりの赤ちゃんならたった一〇カ月かそこらですし、入学したての小学生なら六年とちょっと、大学入りたてなら一八年、みんなそれまでの成長の歴史を今のからだに体現しています。


その歴史は細胞の働きの変化としてからだに残されていきます。

たとえばわれわれの背丈は一定の年齢まで伸び続けますが、この成長の歴史は身長というかたちで、からだに残されます。

毎日一キロを走り続けた人は強靭な身体にその歴史を残します。

年齢とともに髪の毛が薄くなりますが、それもからだに残る歴史です。

個体発生の歴史はすべて細胞活動の変化の総体としてからだに刻印されていくのです。

†こころがこころの歴史をなぞる

こころはどうでしょうか？

こころはからだというかたちを持っていませんから、からだになんらかの痕跡を残していくことはありません。

かたちとしての変化は残りませんが、経験（心理現象）の変化は残ります。外から観察できる代物ではありませんから分かりようもないことですが、同じ夕陽を見ているとしても、子供のころに立ち上げたわたしの夕陽の心像と、今、わたしが立ち上げる夕陽の心像は、決して同じではありません。子供のころの夕陽心像を今、立ち上げることは不可能です。今のわたしの夕陽心像には、子供の頃に立ち上げた夕陽心像を含め、わたしの今までの夕陽経験のすべてが浸透しています。言い方を変えますと、今のわたしの夕陽心像は、わたしのこれまでのこころの歴史をすべてなぞって立ち上がります。

なぜそんなことが可能なのでしょうか？

神経系の活動様式にその秘密を解くカギが潜んでいます。

こころ創発の母胎である神経過程は、その時その時の活動パターンをすべて今に残しつつつ、活動しています。

つまり、神経過程（ニューロン・ネットワークの活動）は、その時その時、その場に合わせて、適切な活動パターンを生み出していますが、それまでになかったまったく新しい活動パターンを作り出すのではなく、それまでの活動パターンを取り込んだ上で、新しい活動パターンを作り出しています。

第三章で、神経系が発生するにつれ、最内層神経系→中間層神経系→最外層神経系と、だんだん複雑化していくことを紹介しましたが、この三層分類は、あくまで構造全体を見た上での理論的な整理に過ぎず、実際の神経系は三層合わせて一つの神経過程を実現します。

最内層神経系はそれだけで一つの系としての活動が可能ですが、中間層神経系は最内層神経系と一体でなければ、活動のしようがありません。中間層神経系の機能とは、実は最内層系と中間層系を合わせた機能です。最外層神経系も同じで、最外層系独自の機能などというものはあり得ず、最外層神経系・中間層神経系・最内層神経系が一体として働いて初めて、最外層神経系に特有な機能が実現されます。

神経過程は、常に、より単純な過程からより複雑な過程へと、たとえていうならば、積み上げた階層を、一つ一つ上昇するかたちで進行します。

最内層神経系、すなわち最下層の過程が進行しなければ、その上の層の働きは有り得ず、最内層神経系と中間層神経系の協働が無ければ、最外層神経系（最上層）の働きはあり得ません。三層すべてが全体として働くおかげで、内臓行動が実現し、ついで情動行動が実現し、ついで目的実現行動が可能になります。つまり、その時その時のトータルな神経過程は常に個体の発生の歴史をなぞっているのです。このトータルな神経過程に共存するこころも、その時その時、これまでのこころの歴史をすべてなぞりながら創発します。

†いのちはリズムに乗っている

少し見方を変えますが、生命体の時間はリズムを持っています。

たとえば、呼吸や血液循環や排泄など、からだの諸活動はすべてそれぞれのリズムに乗って活動しています。

神経系も例外ではありません。

たとえば、脳波です。脳波は拾い出す部位によって波形が異なりますが、さまざまなリズムを刻んでいます。閉眼安静時に拾い出すことができる波にアルファ波というのがありますが、この波は毎秒八から一三ヘルツのリズムを持っています。

よく話題になるシータ波は四から八ヘルツのリズムを持っています。睡眠時にしばしばみられます。

神経系の素子であるニューロンもリズムを持っています。個々のニューロンは、全体ネットワークのメンバーに過ぎず、常になんらかの入力が入り続けていますから、ひとつひとつのニューロンに固有の活動リズム（インパルス発生リズム）を想定するのは難しいのですが、すべてのニューロンは、生きている限り、自分の細胞内でインパルスを立ち上げ、移動させ、送り出しています。そしてまた、元の状態に戻り、またインパルスを立ち上げ、移動させ、送り出し、元の状態に戻るという、リズミックな過程を繰り返しています。

神経過程全体も同じことで、最内層系の神経過程が、中間層神経系の神経過程へと拡大し、さらに、最外層神経過程へと拡大します。こうして、ひとつの神経過程が全神経系へ広がり終わると、再び、新しい神経過程が最内層系→中間層系→最外層系へと広がります。神経過程の活動が、内から外へ、内から外への活動を続けています。

この全神経過程の活動リズムに共存してこころが活動します。

もっとも分かりやすいのが、毎日繰り返される、覚醒と眠りですね。

このリズムは成人ではほぼ二四時間ですが、実はこれは自然環境と社会環境に強制されたもので、個体が持っている内発的なリズムは二四時間より少し長くなっています。ですから、外部的な条件を除去してしまって、その人だけの生活リズムにしておくと、だんだんと社会のリズム（二四時間リズム）からずれてくることが知られています。

生まれたての赤ちゃんや乳児の自発的な睡眠―覚醒のリズムは、成人よりずっと短く、一日に何度も寝たり起きたりを繰り返しています。

覚醒状態と睡眠状態それ自身も揺れています。

睡眠時の意識はその揺れがはっきりしていて、一晩の眠りの中で、浅い眠り（覚醒しやすい眠り）から深い眠り（覚醒しにくい眠り）が何度か繰り返されています。夢見るタイプの眠りも、何回か出現します。

覚醒時の意識の揺れは睡眠時ほどにははっきりしませんが、やはり、注意が意識をしっかり制御できている高い水準の意識状態と、なんとなく注意力が落ちて意識が散漫になりがちな低い水準の意識状態が交代しています。われわれは注意を奮い立たせて意識水準を維持するわけですが、そうそう長続きさせることはできず、意識は緊張と弛緩を繰り返しています。

なぜ揺れるのでしょうか？

いのちが「過程」だからです。神経過程も、それに共存する心理過程も、何度も何度も繰り返し書いてきましたが、あくまで「過程」です。過程とは進行中、ということです。進行中、とは不安定だということです。つまり、揺れる、ということです。

こころは不安定な揺れ、という過酷な状況の中で、その揺れに合わせて、「今・ここ」という現場（意識）に、感情や心像や思いを立ち上がらせては退場させ、立ち上がらせては退場させ、という営みを繰り返しています。「今・ここ」に、コア感情↓感情↓心像↓思い、という過程を立ち上げ続けているのです。このほかにこころの生きざまはありません。

第八章
知性と霊性

1 知性

こころは神経過程から創発する、神経過程とは性質の異なるいのちの表れです。

こころはからだの状態を感情として経験し、からだを取り巻く外の世界を心像として経験します。そしてこの感情経験と心像経験に基づいて、からだと外の世界の関係を知り、からだを環境に適応させます。このこころの働きが広い意味での「知性」です。

第二章で、こころを知性・感情・意志に分ける伝統的な考え方を紹介し、その知性の部分を心像というやや狭い概念に置き換え、こころは感情・心像・意志に分けて考えると分かりやすい、と述べました。ここでは、その時置き去りにした知性について考えます。

知性は、感情と対立させるべきこころの働きではなく、意志と並列すべきこころの働きでもありません。知性はこころ全体の働きですから、感情も意志も、同時にその働きに加わっています。知性と言うと、なんだか、特別な人に備わっている高等な能力のように響きますが、そんなものでは決してありません。誰もに備わっている「知る力」のことです。「知る」というこころの働きは、こころの本性そのものです。さまざまな水準で常に活動しています。

感情によって、われわれは自分の状態を「知る」ことができます。たとえば、「あ、アッツ!」と感じることで、こころは、からだの一部に生じた物理・化学的な異常を知ります。心像によって、われわれは自分のまわりにある事物を「知る」ことができます。たとえば、目の前の一本の木なら木を「こころのかたち」に変え、この「かたち」を経験することで、外の事物「木」の存在を知ります。

さらにこころは、感情や心像を語心像にまとめる、というウルトラ技を持っています。具体的で個別的な外の世界の出来事の経験やからだの中の出来事の経験を、音韻心像という聴覚性経験（名前）で包むことで、直接的で感覚的な印象経験を、やや間接的で抽象的な経験に変えてしまいます。外部の事象や内部の事象を、語心像という新しいやりかたで「知り直す」のです。

たとえば、「長くてうねうねと動き、口先からぴろぴろと長く細い舌を出す、足のないやつ」にヘビという名前を与えることで、いちいち個別のヘビの心像をこころに描き出さなくてもヘビという名前（記号）だけで、目に見える「長くてうねうねと動き、口先からぴろぴろと長く細い舌を出す、足のないやつ」についての感覚性心像群のすべてを経験することができます。

あるいは、「チュンチュンと鳴き、小さく飛びまわる、二枚の羽根と二本の脚のあるやつ」が道へ降りたり、木に飛びついたりしています。この「チュンチュンと鳴き、小さく飛びまわる、二枚の羽根と二本の脚のあるやつ」にスズメという名前を与えることで、「チュンチュンと鳴き、小さく飛びまわる、二枚の羽根と二本の脚のあるやつ」についてのすべての心像経験がひとつの経験にまとめられます。

ヘビとスズメは、まとめて「動物」という名前でくることができます。具体的で感覚的だった視覚的な心像群が、ドウブツという音韻性心像（記号）のお蔭で、ある共通の属性を持つ、一つの抽象的なカテゴリーに属することが理解されます。あるいは動物と植物に、セイブツという名前をつけることで、この二つには、「動物」より一段高い、大きな性質が共有されていることが理解されます。語心像のお蔭で、こころは世界の諸現象を関係づけ、世界をより深く「知る」ことができます。

「知る」とは、このように、個別的な感覚経験をなんらかの共通性に基づいて、おたがいに関係づけることです。関係づけは内発的なこころの働きで、現在経験中のさまざまな事象の間だけでなく、過去に経験した事象の間、さらには、現在進行中の経験と過去の経験の間でも常に進行しています。

†感覚性の心像も記号として働く

複数の経験の関係づけによって立ち上がる、それまでの心像経験とは質の異なる経験は、また、意味理解とか意味づけなどとも呼ばれます（第四章参照）。

語心像は、音韻心像（記号）と感覚性心像の結合体ですから、意味経験そのものですが、音韻心像のような人為的心像でない、通常の感覚性の心像も、時と場合によっては記号として働き、意味経験を生み出すことができます。

その分かりやすい例がこどものままごと遊びです。こどもの世界では、一見、具体的・直接的と思われる感覚性の心像が記号としての性質を帯び、ものごとの関係づけに働きます。

たとえば、こどものこころの世界では、公園の小石はたちまちケーキになり、どんぐりはマンジュウになります。

小石（正確には、こどものこころに立ち上がっている小石の視覚性心像）に、ケーキという名前（記号）が与えられるだけでなく、ケーキ自体の記憶心像も、その小石に重ねられていて、小石はこどものこころの中にあるケーキについての記憶心像のシンボルになります。どんぐり（同じく、正確にはどんぐりの視覚性心像）も同じで、マンジュウという名前がどんぐりに振られますが、同時に、こころの中のマンジュウについての記憶心像もどんぐりに重ねられていて、どんぐりはマンジュウ概念のシンボルとして機能します。

あるいは、公園の滑り台の下はたちまちケーキ屋になり、隙間はその玄関になります。滑り台の下という、ある程度の区切りを持つ外部空間の視覚性心像にケーキ屋の記憶心像が割り振られ、隙間という現実の視覚性心像に店の玄関の記憶心像が割り振られています。こどもはケーキ屋とその玄関という外部世界の構造を直接的な経験として知っているだけでなく、その関係をシンボルに置き換える力を持っていることが分かります。

記号やシンボルを使うことで、こどもは外の世界を自由に解釈しなおして、自分なりの世界を作り上げます。こども流に世界を理解し、意味づけるのです。

†「思う」「考える」という経験

このように、記号やシンボルを操作することによって、われわれはさまざまな事象が、なんらかの関係で結ばれていることを知ります。この働きが「思う」であり、「考える」という経験です。

「思う」にはさまざまな水準があります。

もっとも分かりやすい「思い」は、すでに例にあげた、語心像による思いです。

どこかのレストランで何か美味しいものを食べ、「ああ美味しい」と思ったとします。この思いは、それだけで既に、外の出来事についての「今・ここ」の心像経験（食べ物の視覚性・嗅覚性・味覚性心像経験）と自分のこころの状態（これまでの食経験の総体）の関係づけですが、思いは、決してそこでは終わりません。この味、前に味わったことあるな、と考えることもあれば、こんな味初めてやな、と考えることもあります。この美味しさの元はなんだろう、と美味しさの原因に思いをいたすこともあれば、これ今度自分で作ってみようと、改めて味わい直すこともあるでしょう。盛り付けが美味しさを増幅しているな、と盛り付けや食器を眺め始めるかもしれません。家族と食べているから美味しいのだなと思うかもしれません。この美味しいものをあの人と一緒に食べたかった、と亡き人を思う人もいるかもしれません。美味しいものが食べられて今日は良かった、明日も頑張ろう、と先につなげる人もいるでしょう。これはワインに合うな、などと考えている人もいるかもしれません。写真にとって、あいつに送って羨ましがらせてやろう、とスマホに収める人もいるかもしれません。世の中には、飢えている人もいるのに、こんなものを自分だけで味わっていてよいのかと、なんとなく落ち着かなくなる人もいるかもしれません。美味しいけど高すぎるな、と財布に思いがつながる人もあるでしょう。美味しいとかまずいとか、なんか口がおごってきたな、と自分を省みるかもしれません。

思いは次々とつながり、次々と広がります。その人のこれまでの経験の違いによって、思いのかたちはさまざまです。すべてはその人オリジナルなこころの働きです。オリジナルな思いが自発的に立ち上がり、外の事象と自分とを関係づけようとしているのです。

語心像を用いずに思うこともあります。科学者のように高度に厳密な社会的約束事に従って作り上げられた記号体系（数字など、あるいはさまざまな化学記号など）を使って考えることもあれば、宗教者のように、ある共同体だけに用いられるシンボル体系（たとえば、わが国の神道なら、榊とか、注連縄とか、玉串など）を使って考えることもあります。科学者と宗教者の思いに別段の違いはありません。こころで動いているシンボルの体系が異なるだけです。

†言葉にならなくてもこころの創造力は発揮される

思いや考えは、意識的な現象とは限りません。意識されない「思い」を仮に非言語的思いとでも呼ぶならば、こころでは非言語的思いも常に動いています。

たとえば、絵画性の思い、とでもいえる思いがあります。

いわゆる自閉症児の中には、時に優れた絵画能力が見出されることが知られています。そのような人たちのこころでは、言葉にならない、意識化もされない、「思い」が動いているようです。

アメリカの神経内科医オリバー・サックスの著書（Sacks O : An Anthropologist on Mars. 1995）から、その一例を引用します。

サックスが取り上げている少年は、社会性に欠け、言語の発達も不十分で、独立して生活できるだけの能力を持っていません。しかし、絵の能力は傑出していて、故郷のイギリスではBBCで放送もされ、作品集も発行され、ある専門家は、この少年をおそらく英国最高のこども芸術家だと評価しています。

彼の絵画的記憶能力は恐るべきもので、チラリと目にしただけの、大してよく見ているようでもない対象を、宿へ帰った後、細部まで思い出して絵にすることができます。アリゾナのグランドキャニオンでも、モスクワの赤の広場でも、ヴェニスのドゥカーレ宮殿でも、パリのノートルダム寺院でも、苦もなく描き出します。

サックスによれば、彼の絵は、同じ対象を思い出したものであっても、描くたびに少しずつ変化しています。

サックスの自宅を五回ほど記憶から描いてもらっていますが、毎回、少しずつ違っています。サックス邸の本質的なスタイルはいつもそこに描かれていますが、建物の横に国旗掲揚用のポールを付け加えたり、一階の窓を二つから一つにしたり、ポーチから一本、柱を減らしたり、部屋を一つ付け加えたりしています。描くたびに、必ず、何らかの追加や、省略や、手直しがなされています。

サックスは、この少年は普通考えられているように、カメラのような視覚性の記憶力を持っていて、その記憶を機械的にただ取り出しているのではなく、彼のこころが経験しつつある心像を描きだしているのだ、と結論づけています。

彼は外界事象をただコピーしているわけではないのです。ノートルダム寺院ならノートルダム寺院を絵にするには、ノートルダム寺院の全体のかたちを背景から切り出し、そのかたちをスケッチ帳ならスケッチ帳のサイズに収めなければなりません。全体のプロポーションを理解しない限り、小さな平面に大きな外の世界を収めることはできません。彼のこころの力が、対象を抽象化し、要点だけをつかんで、任意の紙のサイズに合わせられる「新しいかたち」を、そのつど生み出しているのです。

彼のこころには、以前見た時そのままの事物の心像が立ち上がっているのではなく、これまでの記憶心像も参加した、彼にとってその都度新しい、オリジナルな心像が立ち上がっているのです。このオリジナル心像が描画行為によって外の世界へ持ち出されます。

第二章を思い出してください。すべてわれわれの運動（神経過程）にはアクション（心理過程）が共存しています。

アクション（心理過程）は意識されませんが、まぎれもないこころの経験です。こころが外の世界を視覚性の感情として経験し、この経験（＝感情）の上に「かたち（＝心像）」を立ち上げます。景色は自然現象で、心像は心理現象です。これまでのこころの経験、すなわち過去に見た類似のかたちと、現在の経験を比較し、共通性を抜き出して、新しい心理的経験（新しい心像）が生み出されます。この心像を外の世界へ持ち出す（つまり絵にする）のは運動過程です。そして、運動過程にはアクション（心理過程）が共存しています。このアクションが描画過程におけるこの少年の「思い（絵画性の思い）」なのではないかと、わたしは考えています。

わたしのような不器用な人間が絵を描く時、何をどう描いてよいのか見当もつかず、対象と描き上がりつつある絵を、ためつすがめつ眺め、ああでもないこうでもないと、かたちについて考えながら描いていきます。絵を描く過程を意識しまくっています。しかし、意識がこの少年のように視覚的な心像生成過程だけに狭められている場合、こうしたこころの動きはほとんど意識されていないのではないかと思われます。

この少年は描くという行為には集中しますが、描きあげた絵には、何の興味も示さず、ゴミ箱へ投げ込んだり、机にほっぽりだしたりして、まったく省みることがないのだそうです。この事実は、アクションは意識されない、という心理学的事実と矛盾しない行動です。意識し、努力した結果生み出された絵であるなら、彼はでき上がった絵にもある程度の関心を示すはずです。しかし、そういう意識的な過程は進行せず、ただ、意識されないアクションのみが進行するのですから、彼ができ上がったものに対して何の興味も示さないのは当然のことです。関心の持ちようがないのです。

繰り返しますが、彼の絵への「思い」は描画という行為の中に展開し、完結します。でき上がった絵という「結果」でなく、描画行為という「過程」の中に、彼の思い、彼の世界理解、それも高度な理解が開示され、意識に残されることなく消えていきます。

この少年の絵画的才能はたまたま周囲の助けによって引き出されましたが、たいていの場合、外部からは見えないまま、眠り続けているのではないかと思われます。少年の絵画は、この少年の「知性」を表しています。「知性」という言い方がまずければ「こころの力」と呼んでもよいし、こころの想像力（創像力）と呼んでもよいと思います。同じことです。

†「完全な忘我」と「明瞭な自意識」は表裏一体

アクション（心理過程）と意識の関係についてもう少し続けます。

アクションの働きを考える上で、我が国古来の武術に関わる記述が参考になります。武術は剣や槍や弓などの武器を用いて相手を殺傷する技術ですから、なんだかとんでもない場違いな話を持ち出すようですが、その武の部分はさておいて、術に関わる話です。

戦前に当時の東北帝国大学に在職したことのあるドイツの哲学者、オイゲン・ヘリゲルは、彼が馴染んできた西洋流のスポーツと、日本で出会った伝統的武術の一つである弓術の間に大きな違いがあることを発見します。

武術は体得するもので、言葉で教えられるものではない、というのが当時の日本の伝統的な考え方だそうです。彼の母国ドイツでは、武術とは要するに技術ですから、当然すべて教えられるし、教わることができる、と考えられています。この、言葉で教えられないと言われる日本の武術の本質、つまり意識化できないとされている部分をヘリゲルは文章化（意識化）し、後世に残してくれました（オイゲン・ヘリゲル『日本の弓術』岩波文庫、一九八二）。

日常、論理的な言葉を用いるお国柄でもあり、自身が哲学者であることもあって、日本の武術（弓術に限りますが）の特徴について分かりやすい入門書になっています。

わたしはやったことも無いので、弓を射るというと、弓に矢をつがえて、弦をその矢筈ともども力一杯よっぴいて、扇に向けて、ひょうと射る、という那須与一の話ぐらいしか連想できませんが、その弓術にヘリゲルがどうして練達したかという話です。というより、日本の弓術の秘術性をどう理解したか、という話です。

ヘリゲルは日本流の弓術を習って、日本流の的を射当てる技術を習おうとしたのですが、驚いたことに、彼が師事した先生からは、そんな技術を教えようとする気配がまったく感じられません。

それどころか、先生は弓を腕の力で引くな、こころで引け、と言います。

あるいは、弓を引く時、肺で呼吸をするな、腹でせよ、と言います。

あるいは、矢がひとりで離れるまで待て、と言います。

あげくのはてに、「あなたは全然なにごとをも、待っても考えても感じても欲してもいけないのである。術のない術とは、完全に無我となり、我を没することである」と教えます。

無になったら、いったい誰が射るのか？　と尋ねると、先生は、

「精神を集中せよ。自分をまず外から内へ向け、その内をも次第に視野から失うようにせよ」

と言います。

わけの分からない言葉の数々にヘリゲルは悩みます。それでも彼は投げ出さず、分からないままにひたすら努力します。しかし、先生はその努力を誉めるどころか、叱りつけるのです。

ヘリゲルは成績を上げようとして、自分なりに指を操って、矢の射放し方を工夫し、つまり技巧を重ねて頑張りますが、たちまちその技巧を見抜かれて、愛想をつかされ、弓を取り上げられてしまいます。

しかし、ヘリゲルは諦めません。

先生に的に中《あ》てるには弓をどう持てばいいのかを尋ねると、先生は「的はどうでもよい。狙うということはいけない。何も考えてはいけない。成るがままにしておくのです」と言います。

先生はこうも言います。「私は的が次第にぼやけて見えるほど目を閉じる。すると的は私の方へ近づいて来るように思われる。そうしてそれは私と一体となる」

的を狙わずに的を射当てる、など不可能です。どうして的が近づいて来たりするのでしょう。有り得ないことです。

あるいは、こうも言います。

「私は心を深く凝らして仏陀と一体になる。すると、矢は有《う》と非有《ひう》の不動の中心に、したがってまた的の中心に在る。矢が中心に在る──これをわれわれの目覚めた意識をもって解釈すれば、矢は中心から出て中心に入るのである」

謎めいた言葉の数々にヘリゲルは戸惑うばかりです。

しかし、そんなヘリゲルにも変化が起こり始めます。中てることはまったく二の次だと考え始めたのです。

「矢を射る時、自分の周りにどんなことが起ころうと、少しも気に懸からなくなった。私が射る時に二つの目が、あるいはそれ以上の目が私を見ているかどうかということは頭に入らなかった。のみならず先生が褒めるか貶すかということさえ、私に次第に刺激を与えなくなった」

先生はヘリゲルのこころの持ち方を認めるようになります。そして入門五年目、遂にヘリゲルは免許状を授けられます。

ヘリゲルは自分の弓術経験を次のようにまとめています。

「弓を引く前には、まず初めの儀式が行われる。それは決まった歩数だけ進んで、射手《いて》が次第に的と相対する位置に来るのであるが、途中で立ち止まっては深く呼吸をする。それから射手が弓を引く構えをすれば、その時すでに、完全な沈思に成功する程度まで精神が統一されている。一度弓を引き絞れば、沈思の状態は決定的となり、引き絞っていればいるほど、沈思は深められ、その後の一切は意識の彼方で行われる。射手は矢が放たれた瞬間に初めて、ふたたび、しかも漸次にではなく、不意に、我に復《かえ》る。忽然として、見慣れた周囲が、世界がふたたびそこに在る。自分が抜け出してきた世界へ、ふたたび投げ返された自分を見る」

ヘリゲルの言う「完全な沈思」は、先生の言う「完全な無我」、あるいは「非有《ひう》」に相当します。別のところでは「完全な忘我」という言い方もしています。

「不意に我に復る」とは「明瞭な自我意識」が戻ることです。先生の言う「有《う》」にあたります。完全な忘我と明瞭な自我意識という、この二つは断ちがたい関係にあるが、どのような思弁によっても説明しきれない、とヘリゲルは断じています。

†アクションが「こころ」を一杯に満たす

先生の言葉はわたしにもさっぱり分かりませんが、ヘリゲルの言わんとするところは、彼の明晰な文章のお蔭で、よく分かります。

彼の言う「完全な沈思」とは、外の世界もこころの中の世界も意識しない状態です。射場に立った時、長年の習練によって、心像や感情の動きに気づかないこころの状態に入ることができるようになった、と言っているのです。意識しないと言っても覚醒状態から転落するわけではありません。むしろ最高水準の覚醒状態になって、的の心像だけが意識いっぱいに広がります。これだけで意識は一杯ですから、的に気づく、などという経験は起こりません。極度の注意集中状態が達成された意識状態と考えられます。

この時、からだも最高の集中状態に入ります。指先でもなく、視線でもなく、両腕でもなく、からだすべてが弓を射る、という運動過程（神経過程）に収斂します。この運動過程にアクション（心理過程）が共存します。全身が一つの行為に向けられるのに共存して、アクションがこころを一杯に満たすのです。アクションですから、こころ一杯に満ちたとしても意識はされません。この時、こころもからだも、完全に一つの行為、すなわち矢を射離すという行為に集中します。

矢が射離されると、この瞬間、矢を射るという全的行為に共存したアクションは、こころから退場します。アクションは運動の結果には関係しないのです。こころは再び、感情や心像や思いなど、意識される経験で満たされます。意識（ヘリゲルの言う明瞭な自我意識）が戻ります。「世界がふたたびそこに在る」のですね。

ヘリゲルはこの経験は思弁によっては説明できない、と言っていますが、彼の言う思弁は通常の意味での思弁、つまり自覚的な言語性思考過程のことでしょうから、この自分のこころの、完全な沈思、つまりアクション一杯状態を説明できないのは当たり前です。意識されないのですから。

しかし、的（外部事象）とからだ（射手）の関係をヘリゲルのこころは「知る」に到ったのです。この非言語性で、視覚運動性のヘリゲルの「知性」は、矢を射放すという行為に開示されているのです。

2　霊性

思いの母胎は心像ですが、そのまた母胎は感情で、そのまた母胎はコア感情です。つまり、知性の母はコア感情です。意識されない経験です。経験以前の経験です。ところが世の中には、このコア感情を意識できるようになる人がいるみたいです。

たとえば、仏教哲学者、鈴木大拙です。

彼はその著書『日本的霊性』の中で、「霊性」なるものを論じています。戦時下の一九四四年発刊ということもあるのでしょうが、単純に「霊性」と言わず、「日本的霊性」と、日本的であることを強調している点は、少々ひっかかりますが、「日本的」を取っ払って読めば、この霊性論は、心理学にとって大変示唆に富んでいます。

霊性とはなんでしょうか？

鈴木によると、霊性とは「精神と物質の裏にあるもので、精神と物質の世界の関係を直覚する力」です。

ここでの精神は、こころとまったく同じ意味で使われています。本書でも繰り返し強調してきたことですが、精神（こころ）と物質（外部事象）は次元の違う現象です。鈴木は、この二つの現象は実は一つだ、と主張します。そして、その「実は一つである」という真実を経験する力が霊性である、と言います。

鈴木によれば、霊性はこころの奥底に潜在していて、感覚や、思惟や、意志を可能にする働きです。感覚や思惟や意志は、すべて霊性から発現します。

これって、本書でいうコア感情と同じものを指しているように思われます。

ただ、彼の定義する霊性、すなわち日本的霊性は、宗教的経験であり、人類による宗教経験の長い進化の過程で、鎌倉時代の真宗（法然と親鸞）および、禅宗の僧侶によって、初めて発動した、と言っていますから、かなり特殊な捉え方になっていますが、その点は無視することにします。

彼の霊性の議論をもう少し紹介しますと、こんな言葉が出てきます。

「霊性というといかにも観念的な影の薄い化け物のようなものに考えられるが、これほど大地に深く根をおろしているものはない。霊性は生命だからである」

霊性は空想的観念ではなく、何よりも確実な実在であり、いのちそのものだと言うのです。コア感情は、大地からは出てきませんが、神経過程の基層（ヤコブレフの最内層神経系）から創発します（第三章参照）。神経過程はいのちの一つの姿ですから、そのいのちに乗って出現するこころもいのちの一つの姿です。鈴木の言う通りです。

また、「個己の根底には超個の人《にん》がいる」と言い、臨済宗の言葉を引用して、「超個の人《にん》」は「一無位の真人《しんにん》」であり、「万象之中独露《ばんしょうのなかどくろ》身《しん》」である、と言います。

仏教語の連発で難解ですが、要するに、わたし（個己）を芯の芯まで、あるいは底の底までたどっていけば、「わたしのこころ」という個別性は失われて、ヒトの神経過程に共通の、始原のこころ、つまり最内層系の神経過程と共存するこころ（＝コア感情）にまで立ち戻れる、ということです。コア感情は、おそらく全人類に共通の経験で、この経験を基にしてそれぞれの個人がそれぞれの経験をこころに蓄積し、個別のこころ（つまり自分のこころ）を立ち上げていきます。個己とは自分のこころです。超個とは自分のこころを意識する前の段階の、経験が積み上げられ始める前の、すべての人が共通に経験する、生まれたてのこころです。確かに、心理学的に考えても、個己の根底には超個の人《にん》がいます。「一無位の真人《しんにん》」も、「万象之中独露身《ばんしょうのなかどくろしん》」も難解ですが、恥を掻くのを恐れずに素人解釈をやっつけますと、おそらくどちらの語も同じことを言っていて、世間の価値観などまったく関係なしの、つまり心像的経験にも、感情的経験にもまったく関係なしの、経験なき経験、すなわち、ひたすらにいのちの泉（コア感情）に身を浸すことのできる人間ということではないでしょうか。

霊性はまた、次のようにも説明されます。

すなわち、

「生はどうしても無限でなくてはならぬ。即ち直線であってはならぬ。生は円環である。この生の無限大円環性は霊性でないと直覚できないのである」

あるいは、

「霊性的直覚は最も具体的であるから最も個己的である。そしてその故にまた最も抽象的で最も普遍的である。それは一人《いちにん》の直覚である。周辺のない円環の中に、中心のない中心を占めていることの自覚である」

「周辺のない円環の中に、中心のない中心を占めている」とは実にうまい表現です。心理現象の自己回帰性と完結性を言い得て妙です。

大拙はこころが無限の円環であると直覚しますが、この直覚は大拙が自分のこころに自己回帰し（つまり自分の意識を内省し）、その徹底的な自己回帰の末、ついにコア感情まで、こころの芯の芯、経験の芯の芯までたどりつき、意識できないはずのコア感情をも意識化することに成功した、ということではないでしょうか。

†こころの芯はコア感情とアクション

霊性の話はこれくらいにして、霊性と知性の関係に戻ります。

コア感情（あるいは霊性）というこころの泉から、感情、心像、語心像、そして何よりも思いが、こんこんと湧き出しています。この思いから知性が生まれます。知性とは、さまざまに立ち上がる思いを関係づけ、秩序立てていく力のことです。アメリカの発達神経心理学者ハワード・ガードナーの言い方を借りますと、シンボルをその人なりに体系化する力です。創造の力です。

しかし知性はシンボル操作にだけ現われるものではありません。彫刻や演奏やパフォーマンスやスポーツや物づくりや、先ほどの描画や武術など、行為にも展開します。技《わざ》と呼ばれる能力ですね。行為（運動過程）にはアクション（心理過程）が共存しています。アクションの活動が無くて、技はありません。その意味で、アクションも知性の発現に欠かせません。

大拙の言う霊性（コア感情）は、優れた宗教者には直覚、すなわち経験できる可能性があるとしても、アクション（心理過程）は本来的に経験しようがありません。行為あるのみ、です。

ですから、本当のこころの芯は霊性でなく、霊性プラスアクションです。

自分の霊性を自覚するに到った人を、大拙は「妙好人《みょうこうにん》」と呼んでいます。妙好人とは「浄土系信者の中で特に信仰に厚く徳行に富んでいる人」のことだそうですから、かなり特別な人ということになりますが、あえて信仰の問題を外して、その人の有り様を読み解いてみますと、いかなる事態にも動揺せず、いかなる人にも同じ態度で接し、常に余裕を持って、みずからの生きざまを楽しむことのできる人です。他人に接した時、自分を誇ることもなく、かと言って卑下することもありません。おのれよりも遥かに大きな力がおのれを生かしてくれていることを知り、その力に素直に身をゆだねることのできる人です。はかりごと（知性の働き）のない人です。

大拙によれば「今」のおのれのこころを「味わう」ことができる人です。過去・現在・未来と直線に流れて続く今でなく、永遠の「今」を味わうのです。

こころが霊性に回帰するとき、意味や価値や規則や制度など、われわれの知性が作り上げたみずからへの束縛は解かれ、本当の意味でのこころの創造性が発揮できるようになるのかもしれません。

余計な解釈を重ねますと、この時、妙好人が示す自然な立ち居振る舞い（大拙のいう徳行）は、霊性の表れではなく（霊性は認識へ続きます）、もうひとつのこころの芯であるアクションの表れ、だと考えられます。

エピローグ

本書は「「気づく」とはどういうことか」という難しい認識の問題に挑戦しました。簡単に言ってしまえば「気づく」は意識の働きそのものです。そのことを八章に分けてさまざまな側面から考えてみました。

第一章では、神経過程（からだ）と心理過程（こころ）の間には、科学的な意味での因果関係は成り立っていないのではないかという古くからの大問題を取り上げ、こころは神経過程から創発する、神経過程とは性質の異なる現象であることを述べました。

第二章では、こころはその内容からみて、感情、心像、意志というそれぞれ少しずつ違う働き方をする心理過程から成り立っていることを述べました。

第三章では、神経系の働きの基本的な原理を解説しました。こころは神経過程なくしては出現しませんから、神経系のことを知っておく必要があるからです。神経系の発生過程とこころの発生過程の間には明らかな対応関係が認められます。この章は専門用語が多くなってしまい、少々読みにくいかもしれませんので、飛ばしていただいても結構です。第四章以降の理解にはそれほど影響はありません。

第四章では、再びこころに戻り、記憶について考えました。記憶は、意識化されず行為に展開される記憶、意識化される記憶、それに意味の記憶に大きく分けることができます。そのそれぞれについて私見を述べました。

第五章では、こころ・意識・注意という、似たような概念の整理を試みました。こころという大きな経験の集積があり、その大きな集積のうち、「今・ここ」の自分の経験と感じられる部分が意識です。意識を制御するのが注意です。

第六章では、こころという現象の特殊な性質について、少し踏み込んでみました。こころは神経過程から創発する独特の現象です。この独特な現象は、自己回帰性という特別な性質を持っていて、現象が現象を経験するという円環の関係になっています。

第七章では、こころは瞬間的に、自分の「今・ここ」で発生する現象であることを述べました。常に、その時その場で立ち上がる過程です。

第八章では、知性と霊性について考えました。知性は決して狭く捉えられるべきものではなく、すべてのこころに備わる、多方面に展開しうる創造的能力であることを強調しました。さらに、知性の根源はコア感情（鈴木大拙のいう霊性）とアクション（心理過程）であることを述べました。

本書の筆を置くに当たって、改めてまとめてみますと、気づきとは、自分と自分をとりまく世界を知るための巧妙な仕掛けであることが分かります。この仕掛けによって、自分と世界の物理・化学・生物学的な関係は、感情、心像、記号、シンボル、さらに思いなど、こころの経験の世界、単純には意味の関係に置き換えられます。

つまり、こういうことです。

わたしが覚醒状態で世の中に在る時、わたしの意識はわたしのからだを中心として、わたしのまわりに外の世界が広がっていることを知っています。

たとえば、わたしが仮に、ある日、ある時、ある場所に立っているとします。

この時、目の前を一台の黒色の車が通過します、わたしは、この車の通過という出来事が自分の外の世界に生じている出来事であることを理解しています。さらにこの車の通過という現象を自分の視覚と聴覚が捉えていることも理解しています。通過した車なるものが、荷物や人物を載せ、ドライバーによって操縦される移動を目的とする、複雑な機械の一種であることも理解しています。また、この車がトラックでもパトカーでも　バスでも自転車でもなく、乗用車という普通の車であることも理解しています。

さらに車は車道を走ることになっており、それも左側の車線を走るもので、自分が今立っている歩道に乗りこんで来ることはないはずのものであることも理解しています。

今、車が通過した道路は南北に通じていて、この車が南の方角に走っていることも理解しています。

目の前で赤・黄・緑の交通信号が緑に変わりました。この緑色の信号が道路を横断してもいいよ、という意味であることも知っています。

交通信号は各所に立てられ、どの場所の信号も同じ意味を持っていることも知っています。

自分が今、立っている場所は自分が今出てきたところから二〇メートルくらいしか離れていないこと、その方角は今の自分の立ち位置の背後方向であることも知っています。

自分が七八歳の老人であることも、まわりが自分を老人とみているだろうことも知っています。

自分が服を着、靴を履き、だいぶくたびれた帽子をかぶっていることも知っています。

信号の向こうには郵便局があり、自分が今、郵便局前のポストへ葉書を投函しに出かけてきたことも知っています。

当然郵便局の意味もポストの機能も知っています。

朝早い時間であり、今通り過ぎたスーパーがまだ開店していないことも知っています。スーパーがさまざまな食品を売るところであることも知っています。

女の子が反対側の歩道を歩いています。この子が、どこかの学校の制服を着ており、一心に手元を見つめて歩いているのは、スマホに見入っているからだと、ということも知っています。

鳥が数羽飛び出しましたが、この鳥がツバメであり、スーパーの屋内駐車場の天井から飛び出したことも知っています。このスーパーの経営者がツバメを追いたてず営巣を許してやっていることも知っています。

今、突然、轟音が鳴り渡り始めましたが、この轟音がすぐそばを走る私鉄電車の通過音であり、一〇分から一五分ごとにわが耳を襲うことも知っています。

目や耳から入ってくるすべての神経過程の変化は、こころによって感情や心像に仕立て上げられますが、心像化されると同時に、すべては意味を持ち始め、外界世界は意味の構造として経験されます。

意識の作り出している安定したこころの世界、つまり意味の世界を、すべて言葉で表そうとしますと、それこそジェームズ・ジョイスの『ユリシーズ』のような、壮大な文学的冒険にチャレンジするしかありません。

しかもこの厖大な意味世界は、ごく単純にわたしのこころ、というたった一つの意識にまとめられているのです。

車が宇宙からの飛来物かのように恐怖を生み出すことは決してありません。車は道路上を移動する自然な風物の一つと理解されています。信号が緑になったからと言って、自分がどう反応したらよいのか、と迷うことも悩むこともありません。信号は人と車の動きを案内する働きを持っていることが理解されています。子供が道路を歩いているからと言って、あの子は何をしているのだろうとか、どこへ行くのかしらん、などと考えることもありません。子供が学童であり、登校途中であることは意識の背景におさまっています。外界事象のすべては、心像に置き換えられていて、すべての心像群は意味関係で結ばれています。自分が郵便ポストへ向かっていることと、自分のまわりに起こっていることは、一枚の曼荼羅図がひとつの大きな宇宙を表しているように、わたしの意識の中でひとつの秩序を保っています。一つの大きな意味の中におさまっています。

つまり、どれかの事象だけが突出した意味を表して、心像群全体のバランスを壊すことはなく、すべての心像群は、わたしが郵便ポストへ向かうという思いの背景に退き、この行為の遂行を支えています。

意識全体が意味によるまとまりの構造を作っていて、どの現象が重要で（ポストへ向かう行動）、どの現象が重要でないか（車が通過）は、この意味構造にしっかりと組み込まれています。意識はこの意味構造に基づいて、現在進行させるべき経験と無視（?）してもよい経験とを振り分けています。

クルト・ゴールドシュタインというアメリカの精神病理学者は、このような意識状態をこころが「秩序を保っている状態」と呼びました。世界が自己との関係において、バランスよく捉えられている状態です。これが普通の、誰もの意識状態です。

しかし、なんらかの事情でこの秩序状態が崩れると、外の事象と自分との大きな意味的関係が崩れ、本来こころの中の、あるべき位置におさまるべきはずの心像が、こころの中でバランスを超えた大きな意味を持ち始めることになります。たとえば、目に入ったツバメが意識の大部分を占めるとするなら、ポストへ向かうという行動は背景に押しやられ、ツバメを追うことに夢中になってしまう、などということが起こり得ます。あるいは、通過した車の黒色が意識の大部分を占めてしまうと、なぜあの車の色は黒いのだろう、とおかしな方向に思いが展開し始めるかもしれません。

意識は常に全体として働き、外の事象と自分との間に、ある距離を置くことを可能にしています。この距離は、難しく言えば、意味の距離です。意味の距離が失われると、些細な刺激、正確にはその時の思いの進行にさして大きな意味を持っていないはずの刺激が、意識の中で大きな役割を果たし始めることになります。こころは混乱し、何が何だかわけがわからない状態に陥ってしまいます。

意識は過程です。われわれが覚醒時に一定の意識状態を保ち続けられるのは、心像相互間に打ち立てられている一定の緊張関係が維持され続けているからです。この「こころの緊張状態」は神経過程の活動に依存していますから、リズムを持っています。意識固有のリズムに乗って、心像間の関係は緊張したり、弛んだりしています。こころの緊張が弛むと意識の「広がり」が失われ、意識の「厚み」がほどけ、意味のつながりが弱くなります。

そうすると、どうなるのでしょうか?

プロローグで紹介したわたしの「一過性意識障害状態」がこれですね。

この時、わたしの意識は正常な緊張状態を維持できなくなっていたのだと思われます。

弛みが生じてしまったのです。持続の厚みがほどけ、空間性の広がりが不均質になり、全体的な意味の構造を維持できなくなったのです。

幸いにも、弛みの程度がそれほど強くなかったお蔭で、わたしの意識はある程度の秩序を維持し続けたのだろうと思われます。持続の厚みがほどけてしまったため、橋本さんという直前に出会った人物の心像が新しい視覚性心像として立ち上がり続けたのでしょう。意味のつながりも散漫になったため、わたしと橋本さんの関係(わたしが執筆依頼を受けた人間で、彼が執筆を依頼した人間という意味的な関係)、さらにはカフェという場所と二人の出会いの空間関係(打ち合わせという意味的関係)などなど、さまざまな心像間の関係が、その緊張を維持できなくなり、相互の秩序関係を失って、すべてがバラバラな経験になり、統合的な意味を失ったのです。しかし、なんらかの原因で、意識の緊張が回復すると、弛んではいたが、失われてはいなかった心像間の意味的関係が再び成立してくれました。その結果が「あれ?　ここどこ?」、「今まで何をしていた?」という「気づき」です。「気づき」は意識が正常に働き出したことの自覚にほかなりません。自分が自分に気づく、という意識の働きが戻ったのです。

気づきは難しい問題で、本書で展開した説は仮説に過ぎませんが、まったくの荒唐無稽な思いつき（気づき）ではなく、先哲たちのさまざまな思考を手掛かりに思いついた（気づいた）仮説です。だいぶ脱線したか、と思ったり、そう間違っていないのではないか、と思ったりしています。

いずれにしても、今やわたしのこころは相当に「弛んで」きました。弛んだこころで弛んでいないこころのことを考えるのは、方法的には無理なことですので、これ以上の追及は諦めることにします。

最後になりましたが、本書にその業績の一端を敬称抜きで引用させていただいた故ノーマン・ゲシュヴィント、故ロバート・フェルドマン、ジェイソン・ブラウン、それにハワード・ガードナーの四先生に謝意を表します。今からほとんど五〇年も前のことですが、わたしはボストン大学医学部のボストン・ヴェテランズ・アドミニストレーション病院神経内科でレジデント生活を送りました。わたしがその下での研修を願ったノーマン・ゲシュヴィント先生は、わたしを受け入れてくださった直後にハーバード大学へ移られたのですが、その後もいろいろお教えを受けるチャンスに恵まれました。ロバート・フェルドマン先生はボストン大学神経内科の後任教授で、臨床のみならず、日常的な面倒まで見ていただきました。ジェイソン・ブラウン先生には、レジデント時代の当直の一夜、患者診察のご指導をいただきました。ハワード・ガードナー先生とは、ボストン失語症センターで、失読症について共同で論文を書くチャンスに恵まれました。その後のジェイソンとハワードの目覚ましい仕事ぶりについては、そのころの本人を知っているというだけの理由で、今に至るまで著作を読み続けていますが、強い影響を受けています。

最後の最後に、「気づき」をテーマにと、本書執筆を提案していただいた筑摩書房新書編集部の橋本陽介氏に改めて感謝します。

また、読みにくい草稿を読み続け、励まし続けてくれた妻、澄子に感謝します。

ちくま新書
1321

「気《き》づく」とはどういうことか
――こころと神経《しんけい》の科学《かがく》

二〇一八年四月一〇日　第一刷発行

著　者　山鳥重（やまどり・あつし）

発行者　山野浩一

発行所　株式会社　筑摩書房
東京都台東区蔵前二-五-三　郵便番号一一一-八七五五
振替〇〇一六〇-八-四一二三

装幀者　間村俊一

印刷・製本　三松堂印刷　株式会社

乱丁・落丁本の場合は、左記宛にご送付ください。
送料小社負担でお取り替えいたします。
ご注文・お問い合わせも左記へお願いいたします。
〒三三一-八五〇七　さいたま市北区櫛引町二-六〇四
筑摩書房サービスセンター　電話〇四八-六五一-〇〇五三

ISBN978-4-480-07130-9 C0211

ちくま新書

339
「わかる」とはどういうことか
――認識の脳科学
山鳥重
人はどんなときに「あ、わかった」「わけがわからない」などと感じるのか。そのとき脳では何が起こっているのだろう。認識と思考の仕組みを説き明す刺激的な試み。

1077
記憶力の正体
――人はなぜ忘れるのか？
高橋雅延
物忘れをなくしたい。嫌な思い出を忘れたい。本当に記憶を操作することはできるのか？　多くの人を魅了する記憶力の不思議を、実験や体験をもとに解説する。

1018
ヒトの心はどう進化したのか
――狩猟採集生活が生んだもの
鈴木光太郎
ヒトはいかにしてヒトになったのか？　道具・言語の使用、文化・社会の形成のきっかけは狩猟採集時代にあった。人間の本質を知るための進化をめぐる冒険の書。

802
心理学で何がわかるか
村上宣寛
性格と遺伝、自由意志の存在、知能のはかり方……。これらの問題を考えるには科学的方法が必要だ。俗説や疑似科学を退け、本物の心理学を最新の知見で案内する。

434
意識とはなにか
――〈私〉を生成する脳
茂木健一郎
物質である脳が意識を生みだすのはなぜか？　すべてを感じる存在としての〈私〉とは何ものか？　人類に残された究極の問いに、既存の科学を超えて新境地を展開！

970
遺伝子の不都合な真実
――すべての能力は遺伝である
安藤寿康
勉強ができるのは生まれつきなのか？　IQ・人格・お金を稼ぐ力まで、「能力」の正体を徹底分析。行動遺伝学の最前線から、遺伝の隠された真実を明かす。

981
脳は美をどう感じるか
――アートの脳科学
川畑秀明
なぜ人はアートに感動するのだろうか。モネ、ゴッホ、フェルメール、モンドリアン、ポロックなどの名画を題材に、人間の脳に秘められた最大の謎を探究する。